和食を伝え継ぐとはどういうことか

——地域がそだてた食のしくみと技に学ぶ

木村信夫——著

農文協

和食を伝え継ぐとはどういうことか

——地域がそだてた食のしくみと技に学ぶ——

木村信夫 著

＊本書を推薦します

「この国と子どもたちの未来に伝えたいメッセージが
本書の〝和食の世界〟にたくさんつまっている」

和食文化国民会議会長
ＭＩＨＯ ＭＵＳＥＵＭ館長
国立民族学博物館名誉教授
熊倉 功夫

目次

序章　食で子どもたちに「宝の循環」を

第一章　発見「地域の食」という宝もの

第二章　おばあさんから聞き書きした「地域の食」の魅力
―「日本の食生活全集」が伝えるもの

序章

食で子どもたちに「宝の循環」を

◆昔の食への若者たちの共感

ここ数年、ある団体の新入職員講習で「地域の食」について話す機会を得てきた。地域の食というのは、「日本の食生活全集」（都道府県別編集全五〇巻、農文協刊）が聞き書きで再現・記録した全国三五〇地域の食生活のこと。私は編集部員として全集の企画を担当したので、新人講習会では、企画調査で岩手県を中心におばあさん、おじいさんたちから聞いたことを織り交ぜながら、若者たちと一口話し合った。

この全集が再現した時代は大正末から昭和初期で、今からざっと百年前である。企画調査をしたのは、昭和五十年代後半で、三五年以上前のこと。新人たちはまだ生まれていない。

そんな昔話に対して、若者たちはうれしい受け止め方をしてくれた。これが、本書をまとめる動機になった。

感想文には、同じ岩手県でも県北には麦・雑穀・大豆を徹底的に生かす食があり、県南は米がとれて多彩なもちをみんなで楽しむ食があるというように地域によって違いがあること、しかし地域間に優劣はなくそれぞれで個性的な食がつくられ伝えられてきたこと、食生活がじつは地域自然を守り永続させることと不可分であった事実などが印象に残ったと記されている。

また、多くの若者が新鮮に受け止めたのが、地域の「味覚表現」だ。岩手県北の当時の味噌は、麹の入らない大豆と塩だけで発酵させる玉味噌だった。塩味の強い玉味噌に甘味、まろやかさをつけたのが、おにぐるみ、じゅうね（えごま）だ。そばかっけ（一章49ページ参照）や豆腐でんがくに、くるみ味噌やじゅうね味噌をつけて食べ、子どもはとくに喜んだ。囲炉裏を囲んで食べながら、そのおいしさ、うれしさを言いあう言葉が「くるみ味がする！」だ。

現代の若者にとって、「くるみ味」など人びとが共有・共感する「地域の食の言葉」があることは驚きであり、非常に大事なものと感じとってくれた。

このような「地域の食」との出会いは、三五年前に企画調査したときの私たちの驚き、発見と共通するものがある。当時の「地域の食」の発見の経過と、それを全国で聞き書きして記録することについての出版社としての想いについては、一章に詳しくまとめた。

食の画一化、海外依存がすすんだ日本で、多彩で個性ある地域とその食、自然の恩恵を受けながら自然を育む食のスタイル、それをともに楽しむ家族と地域のつながりなど、この日本列島で私たちの先祖が育んできた食のあり方が、次世代によって再評価、再創造されて、新しい時代をつくっていくのではないかという期待が湧いてくる。発行開始当時の出版の想いに通じるものだ。

◆三〇年前のアピール「食べものと農業が地球を救う」
―子どもたちと地球の未来のために―

食生活全集の聞き書き・発行がすすんでいた昭和六十三年（一九八八）、農文協の基幹雑誌、月刊『現代農業』が復刊五〇〇号を迎え、記念特集「食べものと農業が地球を救う」を組んだ。

チェルノブイリ原発事故

その第一部「子どもたちと地球の未来のために」（編集部執筆）では、次のような訴えをしている。まず、チェルノブイリ原発の爆発事故をめぐって、事故から二年以上経過したが、とくに子どもたちに欠かせない食品への放射能汚染が心配される。

また、スウェーデンの先住民サミ族は放牧のトナカイ肉、山野の果実、湖の魚などによって食生活を営んできたが、自然に寄り添って暮らし、文明の恩恵に浴さない人びとに放射能汚染は重くのしかかり、民族として育て守ってきた暮らし、食事スタイルや味覚が変わらざるを得ないという悲しい事態が起こっている（参考：豊野博光「チェルノブイリ事故がトナカイを汚染し、そして……」『週刊朝日』昭和六十三年六月二十四日号）。

子どものアトピー

次いで日本の子どもたちに目を移し、アトピーについて取り上げた。成長に欠かせない食べものに体が過剰反応しておこる食物アレルギーが増えているが、栄養士・飯野文子さんによるアトピー改善のための「回転食」は、食生活全集が再現した岩手県北の食によく似ている。主食はひえ、あわなどの雑穀、麦、米などを回転させて、食べ方も混ぜご飯、もち、だんごなど多様なこと、野菜は旬の葉菜、根菜中心とすること、などなどだ（『現代農業』昭和六十三年八月号）。

これに対して、今の食生活は一見バラエティある「回転食」のようでいて、主食は単調、摂取が増えている肉などの加工食品では、増量や粘着、口当たりをよくするために、工業的手法で得られる植物たんぱく質、でんぷん、増粘多糖類などがほとんどの製品に使われている。だから、目を変えて違うメニューを食べても、中身は人工に近い食べもの、化学物質の「連続食」ともいえる。こうした食の変化がアトピー体質をもたらしているのではないか。

世界の子どもたちの飢えと自然の荒廃と

さらに、アフリカ・アジアの開発途上国における子どもたちの深刻な飢えは、日本など先進国の食生活が、乳肉食のために多量の飼料穀物を消費することによって途上国の穀物不足を悪化させていることを指摘しなければならない。飢え、栄養不足を抱えるアフリカ・アジア諸国では、国内自給の農業から外貨獲得のための先進国向け輸出農業へ切り替えたところも少なくない（地域紛争に備えて軍備増強、工業化、先進国の工業製品輸入などのため）。アフリカ諸国の国民一人当たりの主要食糧生産量は減り、穀物輸入量が増えている。伝統的な食生活から、輸入小麦のパンとコーラといった食生活へと変貌している。

穀物輸出農業の拡大は森林破壊も伴い、また単作化で土壌侵食を受けやすく、地球の耕地・自然の荒廃につながる。これは、最大の輸出国アメリカでも同じで、家族農業の崩壊と同時進行している。

相反する二つの方向

記念特集では、日本で、世界で、地域の農業と食、暮らしの崩壊がすすみ、それが子どもたちと地球の未来をきわめて不安なものにしているという事実を指摘した。

第一部の締めくくりでは、次のように述べている。

「いま世界に、人類の食べものおよび地球の行先を左右する二つの方向がある。

一つは、食糧貿易—輸出農業・輸入型食生活を拡大させていく道。……表向きこの勢いは強い」

「もう一つは、世界の地域地域で、家族農業とその共同が安定して自然との交流、農業を発展させながら、地域の人びととのつながりのもと、健全な食生活を生み出していく方向だ。こうした方向への願いと取組みの足どりは、第一の方向に打ち消されがちであるが、世界各地で根強いものがある」

◆今、「貧困―不健康の負の循環」への不安

記念特集から約三〇年たった今、状況はどうだろうか。

二〇一一年三月、東日本大震災という大災害が起こり、同時に東京電力福島第一原発事故が起こってしまった。そして、TPP（環太平洋経済連携協定）は、政財界・マスコミの「当然のあるべき道」という空気のもとで大筋合意に至り、二〇一六年一一月、衆議院で強行採決された。

第一の道が加速する。それは、経済最優先の道ともいえるが、三章で触れるように、アメリカで展開した農業・漁業、食品加工業など大資本による産業再編では、コスト優先で働く者もその競争にさらされ、格差拡大、貧困化がすすんだとされる。貧しい人びとは大資本が提供する低価格の加工食品に多くを頼ることになる。企業化・大規模化する畜産では、家畜の生理・習性を超えた高密度・効率的飼育のもと、抗生物質、ホルモン剤などで命を維持している。アメリカの家畜への抗生物質やホルモン剤の使用、あるいは遺伝子組換え食品への規制はゆるめられてきた。こうして提供される低コスト食品によって健康が害されると、医療・薬剤費がふえ、食糧支配とともにそれも巨大企業の利益となるというように、「貧困―不健康の負の循環」をもたらすことが危惧されている。

食、農、医療、さらには教育までも経済効率を優先した自由化、規制緩和の不安な側面である。日本では今、一七歳以下の子どもの六人に一人が貧困家庭といわれるが、子どもたちにはそんな「貧困

―不健康の負の循環」を押しつけてはならない。

「TPPは当然の道」「経済成長こそ最優先」といったように、私たちの選択の幅は狭められていくかのようだ。しかし、先の若い世代の「地域の食」への共感にもみられるように、人と地域社会と自然が豊かに交流するあり方を求める底流がある。だから、もっと大事な選択肢をもつことができるのではないか。

◈「日本の食生活全集」とは何だったか―書評より

石毛直道氏「日本人の食事生活に関する最大の記録集」

「日本の食生活全集」は、昭和五十九年(一九八四)の発行開始から多くの人びとの支持を受け、全巻を刊行することができた。初回の配本『岩手の食事』には、表紙カバーの袖に、女優の沢村貞子さん、佐々木愛さんの推せん、期待の言葉が載った。以後、発行県にちなむ方々に、カバー袖の言葉、月報への寄稿をいただいた。また、多くの新聞・雑誌に書評が掲載され、各都道府県版の発行時にはその地域の紙誌で大きく紹介された。

全集が完結したのは平成五年(一九九三)。この年の出版情報紙「出版ダイジェスト」三月三十一日号に、国立民族学博物館教授で文化人類学者、食文化研究者の石毛直道氏が「完結によせて」を寄稿した。石毛氏は、日本の食生活全集は「各地に綿々として続いてきた伝統的郷土食、日本人の食事生活に関する最大の記録集となった」「とりわけ、この記録は食事文化の地域性の追究のための第一次資料として貴重である」とした。

さらに、「伝統的料理を歴史に残すだけでなく、復活させるなり、現代風にアレンジを加えるなりして、今に生かす試みをするとしたら、この全集が恰好の手引きとなるであろう」として、〝日本型食生活〟の原典的位置にあたるものと位置づけた。

二〇年後の平成二十五年（二〇一三）に、「和食」がユネスコの無形文化遺産に指定されたが、一章で述べるように、登録申請の提案書では、文化遺産を保護・伝承していく取組みとして、「日本の食生活全集」を最大級の食文化のデータベースとしている。

食の地域性の追究の一次資料、日本型食生活の原典、文化遺産としての保護・伝承の最大級のデータベースとして、食研究者・専門家にとどまらず、地域での人びとのライフスタイルづくりに生かされていくとしたら、出版の冥利に尽きることだ。

富岡多恵子氏「文学的感動を覚える」

昭和五十九年（一九八四）九月に初回配本の『岩手の食事』が出た直後、文芸誌『群像』の十一月号に、作家の富岡多恵子氏は「ブンガク『岩手の食事』」を書いた。いわゆる食通の書く料理や食べものに関する文章はソラゾラしく感じると述べながら、『岩手の食事』を読むと「文学的感動を覚える」

と述べている。

「そこは東北の一地方の人たちが春夏秋冬にわたって、どの時期になにがとれて、それをどうして食べるか、どうして貯蔵するのか、朝にはなにを食べ、夕にはなにを食べるか、労働の日々にはなにを、ハレの日にはなにをこしらえて食べるかをくわしく記してあるだけといえばいえるのに、読むものを感動させる」

これは、編集者にとってとてもうれしい評価だった。企画調査を通じて、おばあさんたちがそこに生きて携わった食の事実を聞き出し、いっさいの評価・形容を加えずに淡々と書くことを大事な編集方針の一つにしようとしていたときだけに、心強かった。

本書二章では、そういうスタンスでまとめたこの全集の内容を、各地域の構成・目次に沿って、概観・紹介した。

読者によって全集の意味づけが豊かに

「食生活全集」には、読者から数えきれないほどの「読者カード」のはがきをいただいた。それには、じつにさまざまな感想、その人の暮らし、家庭、仕事の場、地域活動などで、この本をどう読み、どう生かすかが書かれている。発行を重ねるたびに、読者によって全集の意味づけがふくらみ、版元としても大きな財産となっていった。

発刊前の『岩手の食事』の完成が近づいたころ、企画担当者のあいだで「一万部売れたらなあ」と、夢を皮算用したことがあった。実際には、それをはるかに上まわり、『岩手の食事』の累計刷り部数は六万を超えた。全五〇巻の実売総冊数は約一〇〇万。文学全集は別として、五〇巻の全集としては異例といえる。

全国三五〇地域、五〇〇〇人の語り手と協力者、都道府県の編集委員会と支援者、そして読者との共同作業で、「日本の食生活全集」はここまで刊行できた。

◆「地域の食」で子どもたちに「宝の循環」を
広がった文化現象、食の掘り起こしと伝承

食生活全集は、読書運動にとどまらず、ひとつの文化現象をつくったと思う。全国で「地域の食」の掘り起こしと伝承の活動が盛り上がるきっかけになった。発行県の多くに、編集委員を中心に食研究会ができて、食の調査、食のシンポジウム、交流イベントなどがくり広げられた。各地で、生活改善推進員グループ、農協・漁協女性部、生産者グループ、地域を大事にする食品加工・流通業者などがふるさとの食の現代的な復活に動き出した。

例えば、雑穀食文化の地、岩手県北の二戸《にのへ》市。『岩手の食事』発行から二二年たった平成十八年（二〇〇六）に、「食育と健康のつどい」（農水省にっぽん食育推進事業　三章167ページ参照）が開かれた。こ

のつどいには、麦・雑穀・大豆食文化を伝える活動をしているたくさんの人とグループが集まり、発表、展示、交流した。なかに、『岩手の食事』を読んで地域の食文化の大事さに気づいて取組みを始めたという、語り手の孫世代にあたる農家女性もいた。

畑の地力を守り化学資材を使わない伝統的な畑作農法（一章参照）と在来品種による雑穀栽培を実施、普及する農家リーダー。伝統の麦・雑穀料理の手打ちそば、串もち、へっちょこだんご、きゃばもち、かます焼きもち、雑穀水あめなどを、人びとに指導し、地域の味覚「くるみ味」とともに伝える活動をしている「食の匠」（岩手県認定）の人たち。雑穀レストランを開き（当時）、新メニューも開発、雑穀料理をおいしく食べられて、アトピッ子でも安心して外食できると喜ぶ農家の女性たち。地元だけでなく、都会の子どもたちに農と食の恵みを届ける人たちなどなど。「二戸の食」を地域に広げ、次代につなぐ食の祭典となった。

先に述べた第二の方向が、「地域の食」を伝える人びとの動きのなかに見えてくるのではないか。

地域のライフスタイルから「宝の循環」

三章で紹介するように、「地域の食」の掘り起こしと世代を超えた交流・伝承には、「地域食材を活かす伝統の技」「安全・安心な食」「健康的な食卓づくり」といった食生活改善面にとどまらず、食の楽しみ、地域の自然・農業・漁業の豊かさとの出会い、その保全・永続の活動、食を通じての人びとのふれあいなど、じつに多面的効果がみられる。
高知県南国市の食育の取組みでは、子どもたちの健康的な食習慣づくり、「食の自立」に加え、地域とふれあう食農体験の感動による学力（言葉の力）向上を目ざしている小学校もある（三章参照）。それは富岡多恵子氏が言った「文学的感動」＝心を動かされることに通じ、それは学びの力にもつながるということだろう。

いま危惧される「貧困―不健康の負の循環」という上からの、外圧・内圧による道に対して、「食―健康―感動（心）―学力の宝の循環」という、地域からの人びとのライフスタイルがつくり出す道がある。子どもたちすべてに「宝の循環」を届けたい。

一章で述べるように、ユネスコの無形文化遺産に登録された「和食」とは、日本列島各地の母たちが育んだ「地域の食」である。「和食」への注目、「地域の食」の見直しは、全国津々浦々での「宝の循環」づくりにつながっていくだろう。それは、食を通じて人と自然が豊かに永続的に支えあうライフスタイルをつくっていくねばり強い運動、「静かなたたかい」だと思う。日本列島各地で、さらには世界で、「たたかう　地域の食」の運動が続くことを願って、序章としたい。

第一章

発見「地域の食」という宝もの

1 「和食」とは地域の食文化

ユネスコ無形文化遺産の「和食」

平成二十五年（二〇一三）十二月、「和食」がユネスコの無形文化遺産に指定された。この和食についてのとらえ方は、申請の準備段階では、会席料理的なものを和食としていたようだ。しかし議論のなかで、そういう料理ではなく、四季の変化に富む日本には多様で豊かな自然があり、自然を尊ぶという日本人の気質に基づいた食の習わしを「和食＝日本人の伝統的な食文化」として最終的に申請し、指定された。文化としての和食だ。

多様な自然のもと、地域に根ざした食材は多様であり、それらを活かす食べ方と調理の技、「地域の食」が発達した。それは健康的な食事スタイルであり、また食卓に季節感を呼び込んで楽しみあい、さらには年中行事などを通じて家族・地域がともに生きる絆にもなってきた、そのような食文化として申請し登録されたのである。

食文化の最大級のデータベース「日本の食生活全集」

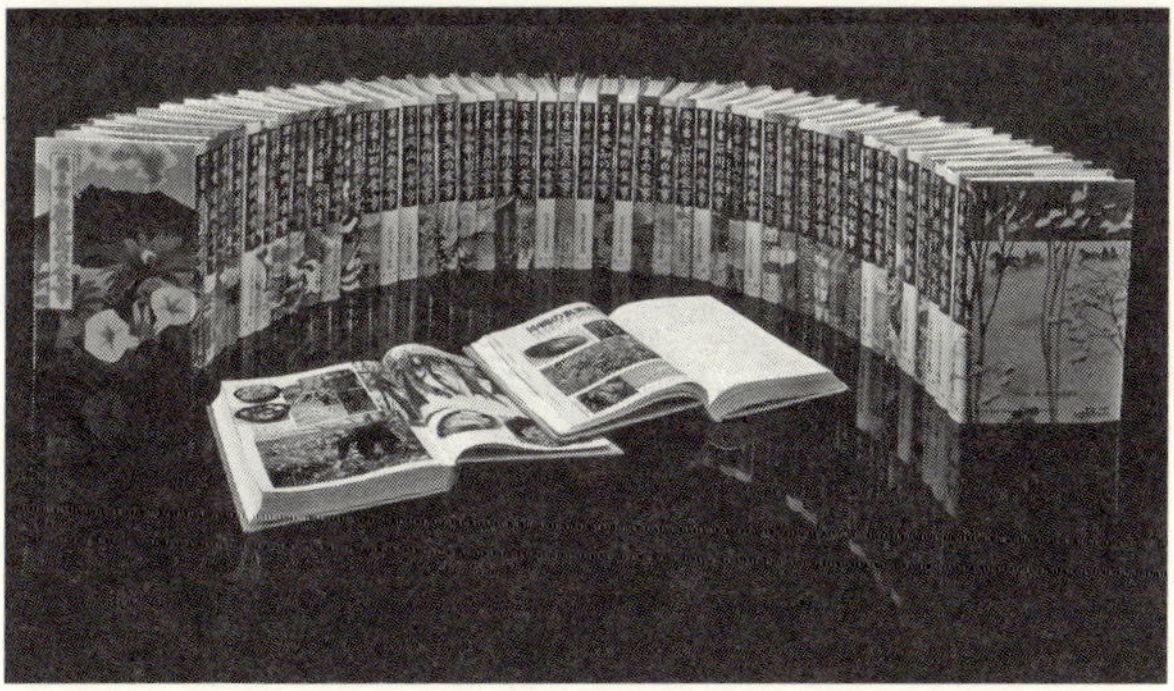

写真1-1　日本の食文化のデータベース「日本の食生活全集」
（撮影：千葉寛）

文化遺産への登録には、その文化を保護・伝承していく取組みがされていかなければならない。申請にあたっての提案書では、和食、すなわち地域に根ざした食文化の発掘・伝承の取組みとして各地でのコミュニティと集団の活動、「食育」や都市―農村の文化交流の取組みとともに、（一社）農山漁村文化協会発行の「日本の食生活全集」を最大級の食文化のデータベースとして位置づけている。

「日本の食生活全集」は全国地域の古老から大正・昭和初期の食生活を聞き書きしてまとめたもので、『北海道の食事』『青森の食事』『沖縄の食事』というように四七都道府県巻に『アイヌの食事』巻を加え、これに索引巻（日本の食事事典）が二冊ついて、全五〇巻からなる。企画調査スタートが昭和五十五年（一九八〇）、発行開始が五十九年（一九八四）、完結が平成五年（一九九三）である。

今をさかのぼること三六年前から農文協が組織の総力をあげ、また全都道府県の各地域の古老の皆さんと各都道府県の編集員会および支援者の方々の絶大な協力をいただいて取り組んだ事業である。

全国三五〇地域、五〇〇〇人の古老から聞き書き

和食の根幹をなす地域の食文化とは何か。「日本の食生活全集」では各都

道府県を六～八くらいの地域に区分して、聞き書きをしてまとめている。語っていただいた古老の方は全巻で三五〇余地域、五〇〇〇人に及んだ。

では、誰に聞き書きするかということで、企画に当たってはずいぶん議論した。まず、いつの時代を調べるかが問題で、高度経済成長の時代になると、食生活は洋風化し、輸入食糧・購入食品も増えて、地域の個性は消えていく。地域にあった伝統的な食生活はどんどん変質していったから、できるだけ古い時代がいい。

また、戦時中には食生活が極端に変わり、画一化の方向に向かう。例えば、島根県の漁村へ調査に行ったときに聞いた話では、それまで海岸の急傾斜地の畑でとれる麦やさつまいも中心の食生活だったのが、配給で米を食べるようになったという。また、海外侵出した満州のこうりゃんなども入ってきたという。地域で受け継がれてきた食は変質するのである。

大正から昭和初期の食生活を記録、再現

そこで、第二次大戦前にさかのぼりたい。しかし、それには限度がある。この全集の聞き書き・調査を行なった一九八〇年代に健在で、昔からの食生活を自ら受け継いで体験し、確かな記憶をもっている人でないといけない。すると、大正後半から昭和の初めに成人になって、食事づくりに携わっていたおばあさんたちということになる。

そういう人とは、一九八〇年代に若くても七〇歳以上の方々であり、聞き書きできる最後のチャン

写真1-2　おばあさんたちの食事づくりを聞き書き、再現
左：岩手県南の凍み豆腐づくり、右：奥羽山系の雪納豆づくり
（『岩手の食事』より　撮影：千葉寛）

スでもあった。大正から昭和の初期ということは、二〇一七年の今から見ると、九〇年、一〇〇年前の食生活を記録に残そうということでスタートしたのである。

なお、その地域・家の食事を純粋に受け継いで語ってくれるおばあさんとして、養子をとった家付きの主婦が望ましいという議論もあったが、当然そうとばかりはいかず、嫁入りした方への聞き書きが多くなった。

女性だけでなく男性も重要な語り手

また、地域の男性たちには、食の背景である農林漁業の内容や食材の確保についてはもちろん、祭りや祝いなどの慣習とそのときのごちそうの中身、料理の味と楽しみになど、女性以上に関与して確かな記憶をもっている方もいる。だから、おじいさんたちへの聞き書きが、地域の食の記録をより立体的で重層的なものにする。食文化の担い手は、女性だけではない。食生活全集各巻の取材協力者に、男性の名前がたくさん載っているのはそのためだ。

取材の初めには、長い人生のなかで語ってほしい時代にスリップしてもらうことが欠かせない。たんに大正から昭和初期のことを聞きたいといっても、「それはロシアが攻めてくると心配した頃だべか」などと言われたこともあった。

まずその方の人生を聞き、「この家にお嫁にきて、上の息子さんが小学校にあがった頃のことです」というように、その時代を常に意識して話しかけ、思い出していただくようにした。いったんその時代に思い至ると、あとはスムーズにというか、あれもあったこれもあったと、つながりをたぐるように思い出していただけることが多かった。

こんなふうにして、農文協の企画担当者が聞き書きのモデル作成に試行錯誤し、それをもとに全都道府県の編集委員の皆さんによる聞き取り・執筆・編集へと展開していった。

2 生産と生活一体の営みとして食を捉える
―「日本の食生活全集」企画の問題意識

農業近代化で失われる農家の自立

『日本の食生活全集』は、企画当初は『日本食文化大系』というやや気負ったというか硬い名称を使っていた。そういった出版物はどこにもなかった。ではなぜ、その企画が生まれたか。農文協の意図、問題意識はどこにあったのか。

それは、農産物の自由貿易などによって、日本の農業や食生活はさらに大きく変質させられていくが、そういう流れは、昭和三十年代からずっと出てきている。高度経済成長のもと、昭和三十六年（一九六一）の農業基本法とそれに基づく農業近代化政策がその方向であるが、海外の農産物を輸入して、労働者の食費・生活費を安く抑えて賃金を安くし、それによって工業製品を輸出しやすくするという路線だ。食糧の海外依存を進めながら、農業はそれに耐えられるような専業農業化、規模拡大して近代的な農業にしていこうという流れが強まっていった。

これは、大企業・資本サイドの求める道であり、それによって農業政策も方向づけられ、多くのマスコミもそれを喧伝する立場であった。

それに対して、農文協は一九七〇年代の初めから、それではいけない、本当に農家が産業人としても、生活人としても自立していくことにはならないと考えた。農林漁家だけでなく、消費者、国民一般も同じことである。

生産と生活を分離してはならない

当時は、生産は生産でどんどんお金を儲けて、そのお金で生活資材を購入して暮らしを豊かにしていくというふうに、生産と生活をはっきり分けて、生産は生産で合理的な生産、生活は生活で近代的な、消費型の生活の豊かさを追求することが進歩とされた。これは私が学んだ農業経済学や農村社会学でもそうだったし、労働運動でもそうだった。生産や労働の質よりも、賃金をあげて豊かな生活をすること、そのために賃上闘争が労働運動のメインのようになっていた。農業サイドでいえば、米価闘争への傾斜だ。

生産と生活を分離していくとどうなるか。農業近代化によって合理性を追求することは、例えば資材を資本が供給する化学肥料・農薬・配合飼料に依存した農業生産となり、土壌の有機物―微生物―作物がつながった健全な関係が絶たれ、土も作物・家畜も弱体化し、結果として人びとの健康も損なわれる。市場が求める安価で規格のそろった生産物を出荷するために、そのような外部資材依存はさらに強まる。

自然も人も豊かになり、健康的な食を実現していく道

だから、農家が本当に自立していくためには、生産と生活は一体でなければならないというのが農

文協の考え方であった。生産とは、土や作物・家畜という自然の力を活かし高めながら、そこから生まれる健康的な食資源をいただくことだ。生活はそのような自然の恵みを上手に無駄なく活かし食べ、そのことによって農地・自然の循環を豊かにしていくものでなければならない。自然と人間が互いに生かし生かされる関係、その永続的な営みは、生産と生活が一体であることによって可能となる。

農文協の月刊誌『現代農業』では毎号、農業近代化の問題を指摘し、それと対極にある農家の生産と生活が一体となった自給的な農業と食、今でいえば地産地消型の営みを載せていた。また、近代化農業のゆがみをついた農文協文化部映画「野菜の値段のからくり」(昭和四十六年〈一九七一〉)は、自然食・有機農業・生協産直などの運動を目ざす多くのグループによって上映され、近代化農業と消費型食生活という路線とは異なる、生産者・消費者連携などオルタナティブな動きが起こってきた。

当時、日本有機農業研究会の事務所が農文協大手町分室(東京・大手町の農協ビル七階)にあった。ここに、朝日新聞に「複合汚染」を連載した有吉佐和子氏がよく来て、近代化農業の問題を指摘する農文協の出版物や映画を見ていった。

輸入国日本だけでなく、輸出国の矛盾拡大

生産と生活の分離のもたらす問題・矛盾は、日本国内に限らない。海外から安い食糧を輸入し、日本の農家は酪農なら酪農、ハウス野菜ならハウス野菜に特化して競争力を高めようとしていくと、日

本の農産物の品目数はどんどん減っていく。昔は、一軒の農家で三〇、四〇種類もの作物を育て、家畜も二、三種は飼っていたのが、どんどん減って資源活用は狭まっていく。

と同時に、海外から餌用のとうもろこしを買ってくることになると、向こうも輸出農業になってモノカルチャー化していく。土が荒れると同時に食の自給、伝統的な食生活が破壊される、というように、みんなが自立の道とは反対の方向に向かっていくのではないか。これに大国の政治的・軍事的な思惑がセットになれば、さらに不安定な状況がつくられていくことになるだろう。

だから、生産と生活の一体となったあり方こそ、日本の農家に限らず、消費者にも、さらには世界の農業者、生活者にとっても自立への道だという考え方をとった。

自立の道は、食から壊される―MSA小麦

では、生産と生活をつなぐものは何か。農文協はとくに大事なものが「食」であると考えた。

第二次大戦後、日本の農家は戦時に衰退した農業の再建、食糧不足の克服のために米麦の増産に燃え上がった。この増産運動に水をさしたのが、アメリカの余剰小麦、いわゆるMSA小麦の輸入である。昭和二十九年（一九五四）、日本はアメリカとの間でMSA協定（日米相互防衛援助協定）を締結。これは、アメリカの軍事援助と余剰食糧輸出などを一体化した戦略によるもので、当初大戦で国土が荒廃したヨーロッパ諸国に小麦を輸出していたが、そちらの食糧生産が復活するにつれて、日本

が新たなターゲットになって開始されたものである。

具体的には、アメリカの余剰小麦を日本が輸入し、日本はその代金の八〇％を在日米軍の国内費用に充てるとともに、二〇％で日本の再軍備を進めるというもの。日本の民主化・非戦化に向けたGHQの諸政策を大転換し、対ソ連冷戦構造に備えるためのアメリカの経済・軍事戦略であった。日本の戦後体質が早くもここで方向づけられたといえる。食糧生産では、米以外の穀物（麦、大豆、とうもろこしなど）は田畑から姿を消していくことになった。

MSA小麦によって、学校の給食は全面的にパンに切り替えられた。また、それ以後「米を食べると馬鹿になる」といった宣伝まで行なわれて、政策的にも米離れとパン食普及の生活改善運動が繰り広げられた。

世界に類のない土地利用　米麦二毛作の崩壊

考えてみれば、日本農業は同じ水田で夏に熱帯原産の稲を育て、冬に冷温地帯原産の麦類をつくるという米麦二毛作を実現してきた。これは江戸時代に入って戦乱のない世となり、それまで軍事技術だった築城土木技術を水田基盤づくりに転用して、用排水が整備されたからである。乾田化が進み、畑作物の麦が栽培できるようになった。当時長崎にきて江戸参府の旅をしたケンペル、シーボルトなどの外国人は佐賀平野に入り、そこに広がる水田景観を称賛したという。

世界に類なき米麦二毛作という土地の高度利用がMSA小麦によって絶たれることになった。そのうえ、米離れの推進である。日本の食の非自立化の道への大きな契機であった。

麦作は、水田二毛作だけではなく、畑の輪作・土地利用の要でもあった。後述の岩手県北の例でも明らかなように、寒冷地でありながら、麦があってこそ二年三毛作という高度な土地利用と地力維持ができていた。また、冬から早春に空っ風が吹く関東では、冬作の麦が肥沃な表土の飛散・流亡を防ぐ役割をしていた。

日本の麦食文化が、欧米流のパン食に

そして、収穫された小麦は、日本に入ってきた欧米流のパンといった単純なものでなく、うどんやそうめんなどの麺類のほか、ひっつみ（52ページ参照）・焼きもち・だんご・おやき・せんべいなど実に多彩な食べものが地域でつくられていた。小麦からはグルテンを取り出し生ふ・干しふとして野菜などの料理を豊かにした。大麦からは味噌・醤油がつくられ地域の味覚が生まれ、発芽させて麦芽から水あめをつくり、うれしい甘味を自給した。

こうして日本の麦食文化が成熟していた。しかしそれが、麦イコール欧米流パンというように矮小化され、まず子どもたちの給食に取り入れられ、地域の麦食が縮小していった。土地と作物の力を維持しながら、その生産物を多彩に利用するという、「生産と生活の一体」のあり方が壊されていった。

食は、その「一体」の要であるが、それはいっぽうで「一体」が壊されるときの中心ターゲットでもある。

日本の食糧輸入拡大への外圧・内圧はさらに続き、麦に続いて、家畜の飼料、牛肉、オレンジと進み、さらには米も標的になり、野菜、水産物、各種加工品へと広がっていった。

味覚も外部食材でつくられる

砂糖も油脂類も海外に依存し、加工食品の炭水化物源は大穀物メジャーによるコーンスターチに置き代わるなど工業製品化が進み、自然な食から遠のいていく。また、旨味とかまろやかさといった、食べたときおいしいと感じる味覚素材も、化学調味料や増粘多糖類など人工物が主流を占めるようになる。

生産と生活が一体となった食、自然と人間の支え合いの関係から生まれる食は、それをおいしく、うれしく食べる「地域の味覚」によって支えられる。味覚が壊れるとき、地域の食文化も壊れ、残しても断片的な郷土料理・名物料理といったものとなって形骸化していかざるを得ないのではないか。

それが、「日本の食生活全集」企画当時の状況認識であった。そうした状況を超えていくために、北海道アイヌの食から琉球弧沖縄の食まで、日本列島各地の生産と生活をつなぐ要としての食、自然と人間が支え合う食を、根源である味覚も含めて、全体像を記録に残そうとスタートした。地域の生活者であるおばあさん、おじいさんたちから、何をどうつくり、採り（獲り）、どう調理して食べたか、四季の日常食と行事や祝いの晴れ食がどのように展開したかを、丹念に一つひとつ聞いていくという地道な作業を、全国三五〇の地域で実施することにした。

企画のスタート、岩手の食でモデルづくり

「日本の食生活全集」の最初の刊行は『岩手の食事』であるが、岩手版を全都道府県版のモデルと位置づけて、全体の編集・執筆方針の作成を含めて、企画に取り組んだ。

上述のように前例のない出版なので、ゼロからのスタートである。農文協内部に常勤役員と部長からなる日本食文化大系企画委員会が設けられた。

委員会のキャップは岩淵直助専務理事（当時）である。岩淵は、戦前の農文協が農村の国威高揚のための演劇活動など、軍国主義の国策に協力してきたことへの反省から、戦後は国家から独立した団体として、真の農家・農村の自立のための活動をするという運動路線を貫いて、再建農文協をつくった人物だ。上述の、農業近代化への批判、あるべき道としての自給の思想と小農型複合経営、それを実現する文化運動理論など、思想形成と運動方針構築を一貫してリードした。

企画委員会のもとで、編集関係職員として動いたのが豊島至（現農文協常務理事・編集局長）と私であった。岩手県を中心に各地へ出かけて、地域の古老や研究者・食関係者に話を聞き、つかんでき

た地域の伝統的な食生活を岩淵にその都度報告し、企画委員の意見を聞き指導を受けて、また出かけるということを何回も繰り返した。

その中から、県内の地域区分の方法、調査方針と調査票、本の構成内容、執筆・表現手法などを立案して委員会に提案し、決定していった（本の構成について詳しくは次章で）。

先行した「人間の原点」を探る地域調査（農文協文化部）

先ほど、前例のない企画でゼロからのスタートと述べたが、食についての考え方や、地域の伝統的な暮らしの調査などは、農文協文化部によって一九七〇年代に急速に蓄積されていた。文化部は岩淵専務が部長として率い、農文協の中心事業である各種出版とは別に、自立を目ざす農家の交流会、研究者の集まりとシンポジウムなどを組織・支援し、また会員誌「農村文化運動」では農文協の農業・食・現代文明などついての考え方と実践を先端的にアピールしていた。そこから、単行本として世に問う出版も数々生まれた。

「農村文化運動」の農文協文化部著による食関連の特集をいくつかあげると、昭和四十八年（一九七三）発行の第四九号「豊かな食生活への試論」、五十年第五九号「日本の伝統的食生活と農業」などである。後に単行本になったものとして『短命化が始まった―長寿村での「食意識」の変化―』などもある。

そして生産と生活が一体となった暮らしの残るモデル的地域の調査報告として、昭和五十一年第六三号「ある山村の生活誌―豊かさとはなにか―」、五十二年第六六号「人間の原点をここに見る―徳島県西祖谷山村の生活史―」がある。前者の舞台は岩手県岩泉町有芸だ。

二つの山村調査は、山と畑での生業と自給的な衣食住のあり方、人びとのつながりと助け合いなどを古老から詳細に聞き書きしてまとめた。五十二年には両者をあわせて単行本化、人間選書『人間の原点をここにみる』として出版し、多くの読者を得た。

「日本の食生活全集」の企画にとって、先行した文化部調査は、地域での聞き取りの意義と可能性を明らかにし、地域自然と農業と生活のつながりを描いており、確かなベースとなるものであった。

3 「地域の食」の個性と豊かさ発見

(1) 同じ岩手でも、地域によって食は違う

五つの地域に分けて調査

「日本の食生活全集」企画のための古老からの聞き取り調査は、岩手県で始まった。このとき、岩手

では古沢典夫氏が岩手県農業試験場の場長をしていた。古沢氏は、江戸時代の岩手県で書かれた農書の研究をし、「日本農書全集」（農文協刊　全七二巻）第一期第二巻収録の、地頭淵沢圓右衛門著『軽邑耕作鈔』『遺言』の現代語訳と解題をしている。その農書は、大冷害が頻発した岩手県北で、凶作に備える作物選びや栽培法、心構えの書であり、冷害に強いひえや大根を重視するなど、圓右衛門が説いたことは昭和の時代まで受け継がれ、地域の食生活の特徴をつくり出していた。

古沢氏は、そういう視点で県内地域の農業風土と食を詳細に見ており、私たちにまず、同じ岩手県でも地域によって食はまるで違う、そこを見なければならないと力説した。古沢氏には、企画調査の段階で大変お世話になり、実際の編集段階では『岩手の食事』の編集委員長をしていただいた。

こうして、地域ごとの食の成り立ち、その特徴を捉えることを企画調査の最初の課題とし、二人で地域を分担して、現地へ聞き取りに入った。地域区分とおもな企画調査地は古沢氏のアドバイスで、青森県に接する県北：軽米《かるまい》町、宮城県と接する県南：平泉町、その中間の県央：紫波《しわ》町、三陸沿岸：宮古市、奥羽山系：沢内村、サブ地域として遠野市（県北型）を選んだ。担当は、県北と三陸沿岸、遠野を豊島、県央と県南、奥羽山系を木村とし、大正から昭和初めの食事の中身をおばあさん・おじいさんたちに、時にはそのお宅に泊まり込んで、聞き取りしていった。

地域による違いと、共通する主婦たちの思い

実際に調査に入ってみると、確かに地域によって食は違うことが明らかになった。

ただし、どこにも共通していることがある。それは、主婦たちは、手元にある食の資源を総動員し上手に使いこなして、季節ごとの労働やさまざまな行事、その楽しみに応え続けていこうという願いをもち、一年間という長い時間を見通した食のプランをもって日々取り組んでいることである。

主婦たちは、その願いとプランを、外からの購入物依存でなく、地域・わが家の風土と農漁業条件のもと、それを最大に活かすかたちで綿密に仕上げていくから、当然地域の個性が現われる。地域の食は充実するほどに、個性を強めていくといってもいい。

◇◇◇

以下、岩手県各地の食の個性について、企画調査および完成した『岩手の食事』から紹介する。岩手版は初回発行であり、編集委員・著者の皆さんには、委員会の開催・運営、地域区分と取材地の選定、聞き書き・編集、撮影など一つひとつ進め方を確立する過程で、たいへんお世話になった。厚くお礼申しあげたい。

『岩手の食事』の編集委員・著者（敬称略、肩書は執筆当時）

県北の食　　古沢典夫　　岩手県立農業試験場長

県央の食　及川桂子　岩手大学教育学部助教授
県南の食　中村エチ　宮古農業改良普及所　主任生活改良普及員
三陸沿岸の食／遠野の食生活　大森輝　岩手県立盛岡短期大学家政科教授
奥羽山系の食　雨宮長昭　岩手県立農業博物館長

（2）岩手県北　＊雑穀と麦と大豆の食文化
ふだんのご飯はひえ中心の二穀飯、三穀飯

企画調査は他府県も含めて約一年半に及んだが、その期間中、現地の宿でまたは職場に戻って、それぞれの結果を報告しあうかたちですすめた。

最初の調査で、もう一人の編集担当者、豊島は岩手県北の雑穀食の多彩さ、豊かさをレポートした。私たちは二人とも食生活・食文化の研究の経験はなく、現地で聞くことはすべて新鮮で驚きであった。そしてまず、岩手県北の調査では、「日本人の主食はお米のご飯」といった食の常識が、いきなりくつがえされることになった。

岩手県北は、夏には冷たい東からの風、ヤマセが吹いて、低温で稲がよく育たなかった。だから畑作中心の農業で、ひえ、あわ、きび、そばといった雑穀と小麦、大麦主体の主食であった。米は極め

て貴重で、白米ご飯は最高の晴れ食であり、年に何回か食べるくらい。

日常食は、米と大麦の麦飯、ひえと大麦、またはひえと米のひえ飯、米とあわのあわ飯などだ。二種類の穀物で炊くのが二穀飯で、米とひえと大麦、ひえとあわと大麦というように三種類を混ぜて炊くのが三穀飯である。あわやきびにはもち種があり、これは楽しみなあわもち、きびもちにした。

米や大麦の節約に、雑穀のほか大根や干し葉、じゃがいもを加えて炊く「かて飯《めし》」を食べることも多かった。

一〇を超えるそば料理―わんこそばだけがそばではない

そして、岩手県北の調査では、このようなご飯もの＝粒食以上に、粉食に雑穀食の多彩さ、豊かさがあることがわかった。例えば、県北で続いてきた焼畑農業では、輪作の中にそばが必ず取り入れられる。だから、そばは地域の食生活にとって重要であり、そのために主婦たちはそばを上手に食べる工夫を代々こらしてきて、県北にはそば料理だけでも一二、一三ある。

岩手のそばと言えば、盛岡で有名な、観光で行くと必ず食べる「わんこそば」のようなものと考えられた。ところが、実際は違った。わんこそばは、細く切ってつるつると食べる「切りそば」で、地域ではいちばんの晴れ食で、お祭りとかお祝いのときに食べるものだ。切りそばのときは、山で獲ったきじややまどりをつゆに使うので、出汁がきいておいしい。

表1-1　岩手県北のそば料理のしかた（『岩手の食事』より）

ねりそば（かゆ、ぞうすい）		そばねり、かぶけえもちなど
		干し葉ねり（救荒食的なもの）
すいとん		柳ばっとう、小豆ばっとう、そばかっけ、くらっこかっけなど
もち	串もち	うちわもち、味噌もち、でんがくもちなど
	串なし	けえばもち、かま焼きなど
そば切り		そばはっとう（手打ちそば）
茎葉の利用		青そばのおひたし、青そばのからしあえなど

写真1-3　そばかっけとそばはっとう
（『岩手の食事』より　撮影：千葉寛）

しかし、農作業に忙しい日常は、粉を練る、のす、細く切るという手間をかけていられない。だから、切りそばはぜいたく料理であり、「ご法度」の意味もあって「そばはっとう」と呼んだ。

忙しい日常と、晴れの日で技を使い分け

そこで、ふだんの食事でもっとも手軽な料理は、そば粉を熱湯で練って大根おろし汁とかねぎ味噌をつけて食べる「そばねり」だ。ご飯（ひえ飯、あわ飯、麦飯）が足りないときとか急な来客のときにはさっとつくった。むかしかぶ（古くからあるかぶの一種）を煮て、そば粉を混ぜて練り合わせたのが「かぶけえもち」で、夜なべ仕事の夜食などにした。

それよりもう少し手間をかけるのが「そばかっけ」。これは、そば粉を練って、のして、三角に切って、大根や豆腐などと鍋に入れて煮ながら、いろりを囲んで熱々のところ食べるもの。つける

のは、にんにく味噌やじゅうね（えごま）味噌、くるみ味噌などで、男たちは辛いにんにく味噌、子どもたちはまろやかで甘味のあるくるみ味噌・じゅうね味噌を好む。

このように、ごく簡単にさっとつくって食べる料理から、中間の練って切るまでの料理、そしてもっと手をかけてつくり最高のつゆで食べる料理までレパートリーは広い。さらにはかぶやきらず（おから）をそば粉に混ぜ込み、あるいは形も丸い団子状、平らな円形、柳の葉の形など食感や味のしみる工夫をさまざまこらして、十何種類の料理の技を身につけていたのである。

それはそばに限らない。岩手県北の主婦たちは、冷涼な風土でよくできるひえ、あわ、そば、小麦、大麦、そして大豆などをじつに多彩に活かして食べてきた。

稲作に先行する畑作食文化の役割

日本列島では、縄文時代の終わりに九州方面で稲の栽培が始まり、長い年月をかけて北上して全国へ広がっていったが、それ以前の列島各地には先行する根栽文化、焼畑・畑作文化があったとされる（中尾佐助『栽培植物と農耕の起源』）。これは、各地の調査を進めるなかで気づいていったことだが、岩手県北の雑穀食は、稲作普及に先行する畑作食文化の成熟を伝えるものであった。後発の米文化に、料理・加工・保存の技などさまざまな影響を与えながら受け入れて、米が加わった地域独特の食生活を生み出す力となったのではないか。

食の地域性とは、土地の自然的条件を中心とした風土性と、そのもとで長い年月をかけて社会変化に対応しながら蓄積してきた歴史性という両面から成り立っている、といったことを豊島とよく議論した。そして、この風土性と歴史性からみることが、「日本の食生活全集」で各都道府県を特徴ある地域に区分するときの見方のベースになった（二章84ページ）。

(3) 岩手県央　＊米麦の多彩な利用

米を食い延ばす麦飯、大根かて飯

県央地域は、北上川に沿って北は盛岡あたりから南は北上にかけての地域である。調査はおもに紫波町で行なった。ここまで来ると、県北よりはあたたかく、米が穫れる水田地帯となる。畑ではそばなどの雑穀もつくるが、冬作に小麦、大麦をよくつくる。このため、県北の雑穀食文化とは変わり、米麦食文化となる。

といって、日常に白米を食べるのではない。米は江戸時代までは年貢として納め、明治以降は金納となった地租と家族の生活費のために換金する重要作物だった。だから、ここ水田地帯であっても米は貴重で、白米のご飯ももちも年に何回かしか食べられないごちそうだった。

ふだんの食事の中心は麦飯（米に大麦）、かて（糅て）飯《めし》である。かて飯の「かて」とは加えるという意味で、米を大事に食い延ばすために、米に大根やいも、山菜などを入れて増量するものだ。とくに冬場は大根を米に加えて炊く「大根かて飯」が多かった。前の晩にかて切り器で大根を細かく切っておき、朝、米に少しのあわを加えて、大根かてを入れて炊く。

かて切り器で切った大根をゆでて、水気をしぼって干したものがかんぴょうで、これを入れたご飯が「かんぴょう飯」。

大根かては炊きあがったときに上にたまり、米は下に多いので、学校に行く子どもや山仕事に行く男たちの弁当には下のほうを持たせるようにした。そして、春になって農作業がきつくなると、腹持ちのよい麦飯に変えるというのが、働く家族への配慮であった。

米・小麦の粉食「しとねもの」

岩手では、粉料理を「しとねもの」という。穀物の粉にお湯を加えて練ることが「しとねる」だ。県北では上記のように、そばと小麦を中心にしたしとねものが多いが、県央になると、小麦と米のしとねものになる。

いま小麦粉の和風料理の代表といえば、うどんとかそうめんだが、これも切りそば同様に晴れ食である。ふだんは小麦粉を練って、引き伸ばして薄くちぎり、つゆがつきやすいように指で凹みをつけて、野菜やいもの汁に入れて煮る「ひっつみ」だ。夕飯によくつくり、家族で囲炉裏を囲んで食べた。

また、小麦粉を練って円形に伸ばし、中に小豆あんや味噌あんを入れて包んで蒸す「かま焼き」など、いろいろな小昼や子どものおやつをこしらえた。

そして、主婦のしとねものの技は、貴重な米を無駄なく、おいしく食べるために発揮された。米は、粃米《しいな》（しな米）やくず米も大事に食べなければならない。これを石臼で挽いたのが「しな米粉」である。いっぽう上米（べこ米）を杵つき臼で搗いたものが「しけし」である。

しな米粉は、ふだんの食事で、だんごにしておつゆに入れたり、串だんごにして醤油味をつけて子どものおやつにしたりした。ご飯が足りないときに、おかゆにしな米粉を混ぜて「こっけい」にして量をふやした。

写真1-4　岩手県央の米粉料理
おつゆだんご、かま焼き、彼岸だんご
（『岩手の食事』より　撮影：千葉寛）

しな米粉（ときには上米粉も）は、小麦粉と同じようにかま焼きにし、地域・家によっては「おちゃもち」もつくった。これは、米粉をのしてゆでて搗き、手のひらくらいのうちわ型にして串にさし、囲炉裏にぐるりと並べてさしてあぶって食べるもの。味つけは、県北のそばかっけや豆腐でんがくと同じように、くるみ味噌やじゅうね（えごま）味噌で、家族で囲んで次々とあぶっては熱いところを食べた。

米粉料理の楽しみがたくさん

上米の粉は、年末近くに神様や仏様に供える小豆だんご、春と秋の彼岸につくる彼岸だんご、行事や寄合に出すごまだんご、そして桃の節句に代々伝えられてきた「きりせんしょ」など。きりせんしょはいろいろなつくり方があるが、岩手県央の調査で何回も伺った紫波《しわ》町の高橋チヨさん（明治三十九年生まれ）は、米の粉にごまを入れて、砂糖と醤油で味つけしてしとねて、のし、中に黒砂糖を入れて木型で形を整えて蒸し、くるみや黒砂糖をきざんでのせた。

上米のだんごは家族にとって、つくるのも食べるのもうれしい行事食だった。チヨさんは「いちばん楽しみなのは彼岸だんごと、きりせんしょ…」と、季節季節の米粉料理のいろいろを、そのときどきの情景を思い出して語った。

米は暮らしのための換金作物であり、また長い歴史を通じて権力によって年貢として召し上げられた収奪作物であった。しかし、上記のように、その米を自らの家族のために料理し、たくさんの楽しみをつくる技を、長い年月かけてつくり出してきたのである。「食べてはいけない米」を食べる心意気、日本の最重要な食資源である米を自分たちのものにして食べてきた努力の歴史を、本当に尊く、ありがたいと感じる調査だった。そのことはさらに県南のもち文化、奥羽山系の飯《い》ずし文化でもっとはっきりしていった。

（4）岩手県南　＊水田地帯に花開くもち文化

一〇種類を超えるもちの食べ方

県央から南に下った県南地域は宮城県に接する地域である。岩手県のほとんどが江戸時代に南部藩だったのに対して、県南は伊達藩に属し、広大な水田地帯が広がっている。ここでの日常の主食は、県央地域と同じく、麦飯と大根かて飯で、大麦は畑作のほか水田二毛作でも栽培できるので、麦飯がもっとも多い。

そして、県南の調査で驚かされたのは、もち料理の多彩さである。稲作地帯とはいっても、もちは晴れ食で、ふだんは麦飯と大根かて飯だ。しかし、正月に始まる年中行事、お祭りやお祝い、農作業の上がりなど、ことあるごとにもちを搗き、思いっきりいろいろな食べ方で楽しむ。もちはごちそう

写真1-5　岩手県南のもち料理
上左から、小豆あん、ずんだ、雑煮、中左から納豆、くるみ、えび、
下左から、ごま、しょうが、ふすべ　（『岩手の食事』より　撮影：千葉寛）

の代表であり、祝儀・不祝儀の際にはもち料理が六、七種類と並ぶ本膳料理となる。

もちの食べ方は、小豆もち、雑煮もち、くるみもち、ずんだ（枝豆を摺ったもの）もち、豆腐もち、納豆もち、黄粉もち、ごまもち、じゅうねもち、しょうがもち（しいたけの入った醤油味のつゆに根しょうがのおろし汁を入れて片栗粉でとろみづけして、もちにからめたもの）・ふすべもち（ささがきごぼう、おろし大根を油で炒め、蒸した沼えびときざんだなんばんを汁に入れて醤油で味をととのえ、もちをちぎって入れる、辛味を楽しむもち）、えびもち（池で獲れる沼えび）、いかの腑もちなどなど、一〇種類とか一五種類にもなる。

お米、もちを食べる心意気

さらに、春にはよもぎもちを搗き、また、やまごぼうの若い葉を採って乾燥保存しておいて冬にごぼうっ葉もちを搗く。「かくらせもち」は黒豆とくるみを入れ塩味をつけたもので、冬に搗いたときは、水につけて凍らせて干しもちにしておき、田植えどきの小昼に食べる。

このように、岩手県南から宮城県にかけては、もちの食べ方が非常に多様である。もちはぜいたくな晴れ食だった時代に、宮城県のある地域では、村の若者たちが何かかにかの理由をつけて、もちをみんなで食べる物日《ものび》をふやしたという。

岩手県南の多彩なもち文化は、先に述べたように、お米を食べる心意気、米という非常にすぐれた食材を自分たちのものにしてきた長い年月の努力の表れといえないか。

すべての地域において、人びとのそうした努力が地元の大事な食材一つひとつに対して注がれて、地域の個性ができてきた。「日本の食生活全集」で捉えたいのは、そのような食の地域性であることが次第に鮮明になっていった。

(5)同じ地域、村内でも雑穀型と米麦型がある

三陸沿岸　＊三穀飯とめのこ飯、季節の海の幸

以上のような北と南の違いは、三陸沿岸の北と南、奥羽山系の北と南でもそれぞれの特徴となって現われる。

三陸北部の九戸《くのへ》方面ではそば、ひえ、あわなど雑穀型、中部の宮古あたりになるとひえ、小麦、大麦となり、南の大船渡・陸前高田あたりはそれに米が加わる。全般に日常食はひえ、大麦、米の三穀飯のことが多く、その中身が北はひえの割合が大きく、南へいくにつれ大麦、米の割合が大きくなる。

写真1-6　三陸沿岸の元旦のくるみ雑煮

左：雑煮（大根、にんじん、ごぼう、しいたけ、油揚げ、凍み豆腐、はらこ、あわび、のり、焼いたもち）、右：くるみだれ（『岩手の食事』より　撮影：千葉寛）

沿岸特有のかて飯として、めのこ飯がある。めのここんぶを乾燥し、遠火であぶって揉み、臼や水車で搗いて保存しておく。これを三穀飯に入れて炊いた。県央・県南の大根と同じように、ここでは海藻が米の増量材だ。

もちは最高の晴れ食で、正月のごちそうの主役である。それだけに、雑煮はじっくり手間をかけてつくり、その味を二度に楽しんで食べる。大根、にんじん、ごぼう、せり、凍み豆腐に、はらこ（いくら）などが入った醤油味の雑煮で、まず、そのつゆで一杯目を食べ、そのあと、もちをちぎって、くるみだれをつけて食べる。

沿岸部では、春の海草、貝類、夏のかぜ（うに）、ほや、さめのみ（まんぼう）、秋のするめ（いか）、あわび、いわし、冬の鮭、たら、毛がになどなど、季節の海の幸の食、その加工、保存が多彩なのは言うまでもないが、ここでは、主食の特徴を中心に述べた。

奥羽山系沢内村北部　*雑穀食と山の幸

岩手県西部・奥羽山系の沢内村は南北に長く、同じ村でも北は県北の食に似ており、南は江戸時代に南部藩の隠し田のあったところであり、水田が多く県南地域と共通性がある。

沢内村北部にも水田があるが、おもに寒さに強いひえを栽培した。稲ができる田でも水口近くの冷水かかりのところにはひえを植え、中に入って水が少し温かくなるところに低温に強いもち米を、水口から遠く水の温かいところにうるち米を植えた。米を食べることは少なく、ひえを中心にあわを少し混ぜ、また大根やじゃがいも、山菜のばっけ（ふき）、うるい（ぎぼうし）を入れるかて飯が主だ。北部は林野が広いので、山菜、きのこなど山の幸に恵まれ、野うさぎ、あなぐま、やまどりなどの動物も大事で楽しみな食資源だった。作物が不作となった秋には、村中で共有林へわらびの根掘りに行き、水でさらしてわらび粉（でんぷん）をとり、唐傘の糊用に販売するとともに、「根もち」にして食べるというように、山と生活の結びつきは非常に強かった。

奥羽山系沢内村南部　＊にしん・はたはたの飯ずし

沢内村南部や隣の湯田町は米地帯なので、日常の主食は米にあわ、ひえを混ぜたご飯か、大根やじゃがいものかて飯だった。行事食、晴れ食にはもちを搗き、どぶろくもつくって楽しんだことなどは県南と共通する。

特徴的なのは魚を米で保存する飯《い》ずし文化があることだ。

春にはかど（にしん、かどいわしともいう）のすし漬、秋にはたはた、身欠きにしんのすし漬をつくる。春、田植えが近づくころ、奥羽山脈の峠を越えて秋田県へ日本海のにしんの買出しに行った。

写真1-7　奥羽山系の魚のすし漬　鮭と身欠きにしん
（『岩手の食事』より　撮影：千葉寛）

主婦たちは、樽を洗って干し、万全の準備をしてにしんを待ち、今年もうまくできるようにと、ていねいな作業で漬け込んだ。

にしんを塩と酢で下漬けし、ご飯とこうじを混ぜて一日置いてから塩を加え、樽にご飯、にしん、ご飯、にしんと段々に重ねていき、上にさんしょうや笹の葉を敷いて重石をした。乳酸菌発酵が順調に進むと、田植え期間の半月ほどおいしく保存できるすし漬ができる。

秋には、やはり秋田の海で獲れるはたはたを買い入れて漬け込み、正月から冬場のごちそうとなった。

（6）米のもつ大きな力、それを活かす「地域の食」

海の魚を米で保存

米のもつ力は本当に大きく、その発酵を利用して、味噌や漬物、酒のほか、魚の保存に使われる。昔は白米のご飯は食べられなかったが、魚の保存には米をあまり惜しむことなく使ったという話は各地で聞いた。

県南の調査でも、春にはにしんのすし漬、秋冬には三陸、太平洋で獲れるさんまやいわしのすし漬をつくったという。県南も奥羽山系南部も、内陸の米地帯である。魚は地元の川でも獲れるが、海でたくさんあがって安いときに、米を使って上手に保存することは、主婦の大事な心得だった。

外からの食材を地域に馴染ませる

食の地域性というと、その土地にある食材を使った料理や食べ方という面、自給的な面が大きい。しかし、実際には、海産物など外からの食材も、沢内村のにしんやはたはたのすし漬のように、地域の産物や風土に馴染ませ活かすかたちで取り入れて、食を充実させてきた。あるいは、海の産地で輸送に適した加工・保存が数々生み出された。それらを上手に利用するために、地域の料理、保存などの食の技がさらに増した。

外部食材と地元食材の出会い、そこに注がれた地域の技とか知恵を明らかにしていくこと。これも、「日本の食生活全集」で、食の地域性を捉える大事な視点となった。

米飯はあらゆる産物をひきつける

ここでご飯＝粒食について、述べておきたい。

岩手の三陸沿岸では、貴重な米の食い延ばしのために、めのこを「かて」にし、奥羽山系ではふきやうるいをかてにしてきたが、広島県の瀬戸内、安芸町の調査で驚いたことは、松茸もかてだったという話。「もっと米の多い松茸ご飯を食いたい」と言いながら食べたという。今ではぜいたくな話ではある。

というように、かて飯も米や小麦の粉食と同じように、非常に多彩だ。しかも、米を増量する日常のかて飯から、季節の恵みを楽しむぜいたくな晴れ食、炊き込みご飯まで、さまざまな食べ方がある。

例えば、岩手県南では秋になれば、くるみご飯、ごま飯、えのはな（香茸）ご飯、ゆり根をもち米に入れて蒸かしたゆりふかし、などがある。宮城県南の沿岸部では秋にやってくる鮭と新米をあわせて、はらこ（いくら）飯を楽しむ。切り身とはらこを使うほか、骨や頭の出汁で味をつけ、新米をとことんおいしくいただき、収穫の秋を祝うのだ。

ご飯もの＝粒食はすしのいろいろも含めて、全国をみていったら、非常に多種、多彩なものになるだろう。

粒食は、地域のあらゆる産物を引きつきける。これが米の魅力といっていい。ふだん食べられない米を、どこまで大事に、あるいはぜいたくに食べ尽くしてきたか、ここに地域の食の力があると思う。それを捉えること、さらに米だけでなくて、地域の食資源全体について調査・記録していくことが、「日本の食生活全集」企画の大きな柱になっていった。

4 地域による豊かさ、貧しさはない

どちらが豊かか？　味噌の味で比べると

地域を分担して調査を進めていると、ときには、どちらの地域が豊かかということが話題になった。米を食べられるほうが豊かだろうという考え方もあれば、畑作地帯で寒さに強い作物を育てそれを活かす食の多様性こそ豊かだという思い、などなどが交錯する。

岩手の調査・編集でお世話になった古沢典夫氏は、食の地域性の典型の一つとして、味噌を比較した。味噌は、大豆と塩に、米こうじ（西日本方面では大麦こうじ）を加えてつくる発酵食品だ。こうじを入れることで甘味が出ておいしくなる。

岩手の県北地域は、米が少なかったので、大豆と塩だけで仕込む「南部玉味噌」（次ページ写真）をつくってきた。大豆を煮てつぶし、味噌玉にして吊るして赤黒いかび（こうじの働きをするといわれる）がついたところで、塩と少しの水を加えて仕込む。味は素朴な塩味だ。

それが、県央、県南に行くと水田地帯となるので、時代とともに米こうじを入れて味噌をつくるようになり、甘味のあるこうじ味噌になってきた。

写真1-8　岩手県北の「南部玉味噌」づくり
（『岩手の食事』より）

こうじが入った味噌がおいしい!?

味には好みもあるが、一般的には、県央や県南の米こうじ味噌がおいしい。県南のもち料理の魅力も加わって、南へ行くほうが豊かだと思ってしまうところだ。

ただし、『岩手の食事』の「県北の食　伝承される味覚」で古沢氏は、塩味の南部玉味噌に対して主婦たちは、じゅうね（えごま）、ごま、くるみ、にんにく、さんしょうなど、香りやまろみ、こく、辛味などをもつ食材を摺って混ぜ、こうじ味噌にはない味わい、わが家の味をまとめ上げていると書いている。この点については、地域の味覚ということも含めてさらに後述したい（二章139ページ）。

どちらが豊かか？　豆腐で比べると

味噌そのものの味では、県央、県南の米こうじ味噌がおいしそうだ。では、大豆利用、さらには豆腐料理について比べるとどうか。

岩手県北は、畑で栽培する大豆が豊富で、その利用をみると、豆乳（おから抜き、おからとも）、豆

写真1-9　岩手県北の大豆利用のいろいろ
左：凍み豆腐
上：（左から）焼き豆腐、きらずもちとそれにつける味噌、あわ汁
中：（左から）揚げ豆腐、納豆、豆しとぎ、かす汁
下：（左から）豆腐でんがく、かすおもし、きらずきゃこ
（『岩手の食事』より　撮影：千葉寛）

腐（生豆腐、凍み豆腐、焼き豆腐、油揚げ）、おから入り豆腐、湯葉、おから、発酵食品（味噌、醤油、ごど〈味噌づくりの際の大豆の煮汁に、小麦ふすまのこうじと塩を加え発酵させたもの〉、納豆など）、煮豆、その他（炒り豆、黄粉など）と、二〇種類にも及ぶ。それぞれの料理をあげたら、非常に多くなる。

そして、豆腐は夏場こそ少ないが、それ以外の季節は家々で月に平均二、三回つくった。一回に大豆一升二合、大きい豆腐が六丁もでき、近所同士で届けあっていたので、毎日食べていたことになる。豆腐には、おからを除いたすべした豆腐と、おからの入ったままの豆腐がある。こそばったい味わいのおから入り豆腐は、長男でなく次男坊（おつこ）に食わせるという意味で「おつこ」と呼んだというのが古沢さんの笑い話だったが、今ではおから入りは、全粒粉パンと同じく、健康食品として注目されている。それほどに、県北には見事なほど多彩な大豆利用がある。

大豆は馬とも分かち合って食べる

では、南のほうへ行くとどうか。私が話を聞いた県央、紫波町の高橋チヨさん（前出）は、そんなに豆腐を食べられなかったという。この地域は、田んぼにできる土地はできるだけ田んぼにしてきたから、大豆をつくる畑は限られた。田の畔でも栽培してきたが、大豆は馬にも食べさせなければならない。豆殻やおからはどこでも馬の飼料にしたが、ここでは大豆の青刈りもして与えたという。

馬は大切な労働力であり家族同様だから、馬と分かち合いをしながら、家族の食生活をつくってきた。県央や県南では、大豆はそれほどふんだんに食べられる食材ではなかったのである。

いっぽう県北は、米ができにくい寒冷地の畑作地域で、ひえ・あわ・そば・麦・大豆をたくさんつくってきた。そして、ひえを三反つくれば、その稈で馬一頭飼うことができたという。ひえで馬を飼えて、大豆も多くとれるから、人びとは大豆をたくさん食べること、豆腐を毎日のように食べることができた。

米をほとんど食べないし、味噌は米こうじが入らなくて甘味がないが、豆腐料理はたっぷり食べて、馬もたくさん飼えるというのが県北の特徴であった。

世界どこにも地域の食文化

以上のような地域性の調査から、地域の食には、いいとか悪いとか、豊かだとか貧しいとかいうものはない。どちらが豊かか貧しいか、どちらがおいしくてどちらがまずいとかいうことを言ってはいけない、ということが確信された。

「日本の食生活全集」の編集方針には、おいしいとか、見事だ、こころ温まる、うれしいなどといった食をめぐる形容詞をできるだけ使わない、とくに調査・執筆者、編集者サイドからの評価はしないで、地域の人が語った事実で表現していくことを掲げた。

それぞれの地域で、自然の恵みと農林漁業の産物を活かして、馬や牛も含めてその地域で食べて暮らし続ける個性的なあり方が積み上げられ、つくり上げられてきて、大正から昭和初期の食生活がある。そこに地域による優劣はない。

これは、今日の世界を見る場合でも、そういうふうに考えたい。どこにもすばらしいものがある。中東諸国に、アジア諸国に、世界中のすべての国に、庶民が積み上げてきた地域の食と暮らしには、必ず個性的で他のまねでないいものがある。あるいはあったのが、戦乱や政治的・社会的な状況のなかで見えなくなっている。

そのことを分かり尊重し合うことが、これからの時代に必要になってくる。それぞれの地域で人びとの宝として食と暮らしを充実・発展させ、享受できるようにしていくことが、平和の礎《いしずえ》であろう。

食の世界無形文化遺産は、地球上のあらゆる地域にあるものでなければならないと思う。

5 食が、地域自然を守り持続させる

雑穀・大豆文化を生んだ畑と山の輪作

食の地域性はどこから生まれるか。「日本の食生活全集」では、取り上げた三五〇余の地域で、「岩手県北の食、自然、農業」「三陸沿岸の食、自然、漁業、農業」というように、食の特徴と地域の生産と環境を解説している。

このコーナーを設けたのは、冒頭で述べた課題「生産と生活が一体となった食」、あるいは「自然と人間の支え合いの関係から生まれる食」を捉えるうえで不可欠であることが、岩手県の調査を通じて、明確になってきたからである。

例えば、寒冷地の岩手県北では、畑で、ひえ―麦（小麦）―大豆という輪作を組んでいる。初年目に夏にひえをつくり、その冬に麦をつくり、春になると麦の間作で大豆をつくる。これで、二年に三作栽培することになり「二年三毛作」という。ここからとれる産物で、豆腐の多様な食べ方、ひえや小麦の上手な利用を発達させた。

それプラス、県北では農地の周りの山で焼畑を行なってきた。焼畑は山の木を燃料などに切ったあ

写真1-10　岩手県北　二年三毛作のひえ畑
写真は刈り取ったひえを乾燥させる「ひえしま」（『岩手の食事』より　撮影：千葉寛）

とを焼いて畑にして、一定期間作物を栽培し、地力が落ちてきたらまた山に戻して回復をはかるというサイクルを繰り返す山の輪作である。

二五年間くらいたった雑木林を切って燃料（炭や薪）に使い、そのあと山を焼いて、一年目にあわ、二年目に大豆を栽培し、これを三回ほど繰り返す（六年）。すると土の養分が減ってくるので、最後に痩せ地にも強いそばを播く。これを二、三年栽培する。

以上、畑作を一〇年くらい続けて、栽培を止めた跡地には草が生え、かや（ススキ）の原ができてくる。草は畑に運んで肥料として入れ、土を肥やす。これを三年くらい続けているうちに、残しておいた赤松の母樹の種から松が育ってくる。松は四〇年から四五年で伐れるようになり、建築材などに使う。松を伐ったあとには、ならなどの雑木が成長し、また二〇〜二五年で燃料にする。

壮大！　八〇年サイクルで自然を育て暮らしをつくる

こうして、八〇年かかって一巡りする大輪作が行なわれていた。いま環境時代というが、人の一生より長いスパンの輪作が順ぐりに何カ所も行なわれて、山から食料や燃料、肥料をはじめあらゆる生産・生活資材を得ながら、山の再生を図ってきた。生産すること―食べることは、山を守ることすなわち環境の再生と保全と一体のものだったのである。

ススキを刈りに山へ馬を連れて行くと、馬がススキの原を駆け回って、松の種を踏んで土に埋めるので、松が発芽しやすくなったという。「人と家畜と自然の育て育てられる関係」だ。それが多様に網の目のようにつながっていたのである。

そばを多彩に料理して食べる、豆腐をひんぱんにつくり楽しむ食事は、このような「育て育てられる関係」の恩恵であり、またその関係の永続に不可欠な要素であった。

その県北型のスタイルが、ひえ―麦―大豆の畑輪作と八〇年の焼畑輪作であり、多彩な雑穀食や豆腐の文化である。それが地域個性となって表れてくる。それは、自然と生活がつながったところから生まれる個性であり、前述の言葉でいうと、生産と生活が一体となったところから生まれる地域個性である。

もち文化を育てた水田環境の多様性

岩手県南のもち文化についてみると、ここは北上川が南下して川幅が増し、肥沃な土地に広がる水田地帯だ。水田は次第に灌がい・排水が整備されて乾田化がすすみ、稲―大麦の二毛作が行なわれてきたことは、すでにみたとおりだ。

畑は、北上川の「川沿い畑」と「岡畑」に分けて作物が育てられていた。川沿い畑は洪水を受けやすいので、冬春には一面のなたね畑とし、夏は背の高い麻（大麻）、たかきびなどをつくった。岡畑では、小麦―小豆・そば、大麦・あわ―大豆といった輪作が行なわれた。このほか、屋敷近くの自給菜園では、じゃがいも・里芋・大根・にんじん・ごぼう・きゅうり・なす・かぼちゃ・いんげん・白菜・キャベツ・しそ・ごま・じゅうね（えごま）など、あらゆる食材を育てた。

こうして、水田地帯の農業生態系ができあがる。県南地域ではもちの食べ方が多彩なことをみてきたが、それには岡畑や川沿い畑でとれる大豆からつくる黄粉や納豆、ずんだがある。岡畑でとれる小豆、自給菜園のごま・じゅうねがある。また、くるみは川や田んぼに水をひく水路などによって実が運ばれて、木が生えて育つから、くるみも豊富だ。

さらに、昔は川沿い畑で麻を栽培していた。その麻を刈り取って稈から繊維を取り出すには、稈を水に浸け皮を腐らせることが必要で、そのための池を農家がもっていたが、ここに沼えびが育った。これがえびもちとなった。三陸の海が近いので、いかの腑もちもこれに加わる。

というように、この地域で暮らすために、水田を中心とした生態系を、より多様性に富んだ複雑で豊かなものにしてきた。そして、そこから得られる食べものを、晴れ食のもちに結集させた。もちが地域の多様な産物を呼び寄せるのである。

写真1-11　岩手県南　沼でとるえびは「えびもち」に
(『岩手の食事』より　撮影：千葉寛)

晴れ食・年中行事は、産物と技の伝承装置

もちを思いっきり楽しんで食べるためには、小豆、大豆はもちろん、じゅうね、ごま、くるみがなくてはならないから、必ず栽培・採取して、保存しておく。ずんだもちにする枝豆（大豆）は、お盆に仏様にあげて食べられるように、さらに秋の彼岸にもできるようにと、品種を変え、播き時期をずらしてつくる。このようにして、食の願いから、土地の利用と作付け、あるいは山川海の季節の幸への目配り、その保存・加工・調理の技は、よりきめ細かくなっていく。

それは、もちの食べ方でもそうだし、前述したご飯もの（すしを含む）でも、小麦やそばの粉食でも、あらゆる晴れ食がそうである。

晴れ食が、地域の多彩な産物を守り、それらが育つ環境、生態系を守る役目をし、たくさんの地域素材を保存・加工・料理する技も伝わっていく。晴れの日を待つ気持ちとともに、地域の人びと皆に伝承されていく。晴れ食は生産・生活・文化の伝承装置だともいえる。

だから、年中行事、祭り、祝いごとなどの食は非常に大事である。「日本の食生活全集」では、すべての地域の冒頭に「四季の食生活」のコーナーを設けた。ここで、忙しい毎日に家族の労働と楽しみに応える日常食のさまざまな工夫とともに、思いっきり時間をかけ、技を駆使してつくる四季折々の晴れ食を丹念に記録するという構成にした。

食の地域性とは「人と自然のつながり」の個性

以上のように、県北なら県北、県南なら県南のそれぞれの地域で、自然と農漁業の個性的な生産の仕組みがつくられ、その恵みを受けて個性的な食が生まれた。一方、食は受け手であるばかりでなく、地域の自然と農漁業の充実と永続を支えていくという関係が続いてきた。

食は地域の自然と人をつなぐ要であり、食に地域個性が表現される。食の地域性とは、「自然と人のつながり」「自然と人の生かし生かされる関係」の個性であるといえる。

そのような、地域のかけがえのない関係の全体を捉え、記録するために、「日本の食生活全集」の各地域の編集では、冒頭に「Ⅰ 四季の食生活」、最後に食の背景となる「Ⅴ 地域の食、自然、農漁業」をおき、間に、食資源の利用と食べ方を丹念に再現する「Ⅱ 基本食の加工と料理」「Ⅲ 季節素材の利用法」、そして地域の食を根っこで支える味覚のベース「Ⅳ 伝承する味覚」という構成にした。この狙いについて詳しくは次の章で述べたい。

6　地域にこそ本当の食の言葉がある

「くるみ味」―食べ歩きにはないおいしさ表現

岩手県北では、塩味の強い南部玉味噌にまろやかさやこくを出すために、くるみ、じゅうね、ごまを摺って入れる。そして、これらの味噌も含めて、丸みやこくがあっておいしいものを食べたときには、大人も子どもも「おいしい」とは言わず、「くるみ味がする」と言って喜ぶ。今でも子どもたちは、店で売っている菓子を「お菓子がし」と言い、その甘い・おいしいと、そばかっけや豆腐でんがくにくるみ味噌やじゅうね味噌をつけて食べるときの「くるみ味」とは区別して使うという。

三陸沿岸では元旦の雑煮もちにくるみだれをつけて食べるが、やはり「くるみ味がする」と言い、脂ののった魚を食べたときも「くるみ味」だ。地域ならではの味覚表現である。

いま、テレビの食の番組では、都会から行ったレポーターや芸能人などが、「しっかりした歯ごたえで」「磯の香りが口に広がって」「さいしょフワッとして噛んでいると…」とか形容をいろいろ工夫して、「お～いしい」などと伝えようとする。取材される側も都会の人が語る評価を期待するところがあるので、それに応えているようなやりとりもある。

しかし、そこに住む人びとが共感し合うような言葉、地域の味覚表現として伝承されていくような言葉をもっと大事にしたい。

子どもは地域で「食の階段」を上がって成長

そばかっけや豆腐でんがくは、家族が囲炉裏を囲んで食べた。そのとき、大人は辛味のあるにんにく味噌で食べ、子どもは甘味のあるくるみ味噌やじゅうね味噌を喜んだ。しかし、子どもたちは、自分も大人たちと同じように、にんにく味噌を食べたいと、少し背伸びしたい気持ちになる。

そうして、「あーこれが食べられたか」と褒められたりしながら、だんだん食の階段を上っていく。それぞれの家や地域で、ふれ合い語り合いながら、味覚も成長していく、それが食事の場であった。

そうして覚えた味覚は、子どもがやがて都会に出ても、心身深く記憶され続けるだろう。成長していくなかでいろいろな珍しい食べものと味を体験するが、子どものころの原体験としての味覚

写真1-12　岩手県北　豆腐でんがくや串もち、そばかっけを食べる味噌だれの材料
左からじゅうね（えごま）、くるみ、にんにく（『岩手の食事』より　撮影：千葉寛）

がどこかで蘇ってくることが大事ではないか。

食べものの呼び方も地方の言葉で

食材の名称についても、地域での呼び方を大事にしたい。「日本の食生活全集」では、まず地域名で記し、カッコ書きで標準語名を載せている。

ＮＨＫの朝のテレビ番組で、福島県田村市などを訪問し、えごまを取り上げていた。えごまの油はαリノレン酸で健康によいこと、原発事故後のえごま栽培復活の努力、魅力的な加工品や料理の開発、葉もおいしい郷土料理になることなど、地元が励まされ、視聴者に役立つ内容であったと思う。

しかし、小学生を何人か集めて、「えごまを知っていますか」とたずねたのには、知らないという子が多かった。子どもたちに何が残されてきたのかと気になった。

えごまは、岩手では「じゅうね」だが、福島のこのあたりでは「じゅうねん」といい、おはぎやえものによく食べられてきた。また、夏に食べる「冷やたれうどん」にはじゅうねん味噌が最高で、田村市では練りじゅうねんを製品化して応えてきた。

地域で昔から愛着をもたれているじゅうねん、じゅんねん味噌、冷やたれうどんなどの言葉で語りかけたら、わかる子どももいたのでないか。知らなくとも、いつか食べる場に出会ったときに、地域食材えごまがもっと身近で大事なものになるのではないかと思う。

「いける」という言葉から地域発見

次も、最近聞いた、食の言葉についての話である。

北海道や東北などでは、じゃがいもやキャベツなどを土の中に埋めておくと、その上に雪が積もり、冬の間にだんだん甘味がましておいしくなっていく。そのように貯蔵することを「いける」という。

北海道名寄市における平成二十年度教育ファーム（農水省にっぽん食育推進事業「教育ファーム推進事業」）での子どもたちの農業体験で、秋に野菜やいもを貯蔵しておいて、春先に雪から掘り出して食べる体験をした。そのなかで、指導農家が「いける」という言葉をたびたび使ったが、どういう意味か若い父母や子どもたちで話題になった。野菜を生かして貯蔵するから「生ける」とか「活ける」ではないか、雪や土に埋めるのだから「埋ける」ではないかなどの意見が出た。

さらに、農家からは、雪中貯蔵に適したじゃがいもの品種があったという話も出た。春まで保存して味がどんどんよくなるのは農林一号という古い品種で、これは芽が深くて取りづらいから売りにくい。そのため栽培する人でも、いまでは自家用だけにつくっている程度だが、メジャー品種の男爵やメークインにはない魅力だ、といった話から、地域の自然を活かした食べもの保存と食の知恵を再発見し、ふるさと北国の冬の豊かさの一面に触れることになった。

そういう食の言葉や体験を通じて、地域への理解もふくらんでいくのではないか。

7　食が地域アイデンティティを育てる

小学生が地域の誇りに選んだ「納豆汁」

「日本の食生活全集」の完結から二〇数年たつが、この間、地域での食をめぐる世代交流、食育の取組みが広がってきている。それをみていると、食生活全集が描いたような地域の食に触れることは、地域で生きていくアイデンティティを育てることにもつながっていくのではないかと思う。

その一例として、山形県最上郡真室川《まむろがわ》町の小学校の取組みを紹介しよう。平成二十年（二〇〇八）一月、真室川町で「地域に根ざした食育のつどい」（農水省にっぽん食育推進事業、主催：開催地市町村・NHKエデュケーショナル・農文協）が開催された。このステージイベント「あなたが主役　食育自慢」の現地企画調査を農文協スタッフとして担当し、地域のお母さんたちや小中学生に食体験、食文化伝承の取組みを発表してもらった。

そのなかで、安楽城小学校（現・真室川あさひ小学校）の六年生は一年間かけた納豆汁の学習を報告した。真室川町は、地域の伝統食の発掘・保存と、世代を越えた食の交流が盛んである。ここの納豆汁は、すり鉢で納豆をきめ細かくとろとろに摺り、それにつゆを入れてといていって、野菜などの入った鍋に入れる。何ともなめらかでコクがあり、ポタージュ風の味わいもある冬の郷土料理だ。

安楽城小学校の六年生はふるさと学習として、「地域の誇れるもの」というテーマで一年間かけて探究・体験学習をした。そのとき、六年生が地域の誇りとして取り上げたのが納豆汁だった。

一年間、宝の食材をためて料理しふるまう

なぜ納豆汁が地域の誇りであり、地域アイデンティティにつながるのか。大切なふるさとの味ということもあるが、納豆汁は、一年間かけていろいろな食材を保存・加工していき、冬にこれらの食材を合わせてつくる。地域の宝をいっぱい集めて、みんなで楽しむ料理だからだ。それを、春から六年生自身がやっていこうというわけである。

まず、五月に山のわらびを採って、塩漬け保存する。畑では大豆の栽培に取り組む。大豆は納豆のほか、汁に入れる豆腐や味噌にする。また、里芋を育て、いもを汁に入れるほか、いもがら（葉柄）を干してずいきをつくる。ずいきは納豆汁がしみ込んでおいしいので欠かせない。秋になると山のきのこを採ってくる。

こうして次々蓄えていって、いよいよ、地域の食生活改善推進委員のおばあさんたちの指導で納豆づくり、豆腐づくりをして、納豆汁ができる。

人びとの共感、つながりが生まれる

子どもたちはその納豆汁を、食育のつどいに集まった地域の皆さんに、学習成果を発表しながら振る舞って、大いに喜ばれた。小学生からごちそうになることもうれしいが、納豆汁という昔馴染みの郷土食を地域の誇りとして子どもたちが捉えてくれたことがなおうれしかった。

そのとき、安楽小学校四〜六年生は、納豆汁やたけのこ汁などを食べるお椀をつくって、同じステージに登場した。地元に伝わる「えっぺ椀」で、「いっぱい食べて」という気持ちのこもった大きなお椀だ。安楽小では「町の仕事」の学習として漆工芸を体験した。できた漆ぬりのお椀は児童それぞれの一生の宝ものであるが、わが地域の納豆汁とお椀のドッキングという小学生の発表に人びとは感心し、食をめぐる世代を超えたつながりの場ができたと思う。

こんなふうに、「地域の食」は自然と人をつなぐものであると同時に、人と人が互いに伝えあいながらつながりを深めていくものとして位置づけられる。

「日本の食生活全集」は、農文協が中心になってつくったというよりは、全国の三五〇地域で、人びとが長い年月かけて積み重ねてきたものが結集した出版だ。これからの地域の魅力の発見、食を通じての人びとの共感、つながり・絆を深めるための素材として活かされていくものと思う。

第二章

おばあさんから聞き書きした「地域の食」の魅力

――「日本の食生活全集」が伝えるもの

この章は、全国のおばあさんたちから聞いた「地域の食」を読む楽しみ、それが何を伝えているかを、「日本の食生活全集」(全五〇巻)の都道府県版の内容から考えてみたい。

私が食生活全集に関わったのは、岩手県を中心とした各地への企画調査と、編集企画の作成、『岩手の食事』の編集委員による編集と料理の再現撮影の途中までと、『新潟の食事』の編集委員会スタートまで。あとは農文協内の編集スタッフと嘱託カメラマンが継いで、全巻完結までこぎつけた。だから、本書で紹介する内容は、完成した都道府県版からの引用と参照した説明となる。編集委員・著者、語っていただいた古老の皆さん、料理など再現してくださった協力者の方々など、関係者の皆さんにお礼申し上げます。

1 「日本の食生活全集」は何を描き伝えるか

食べもの・食生活の総体を捉える

岩手県などでの企画調査をもとに、「日本の食生活全集」の企画書と調査・執筆要領を作成した。昭和五十九年(一九八四年)発行の『岩手の食事』をスタートに、全都道府県で編纂・発行を続けていくための共通のベースとなるものである。

企画書の「刊行のねらい」では、冒頭次のように述べている。

「食文化を、昔からの有名料理や日本料理に限定せず、各地域で庶民によって培われ受け継がれてきた食べもの・食生活の総体として考えたいと思います。

全国各地の伝統的な食生活は、それぞれの自然および農耕地の活用、歴史的に蓄積された料理・加工技法、健康に生きまた楽しむための知恵、定住永続への願いなどが集約されて成立・発展し、受け継がれてきました。土地の自然と農業（漁業）が形づくる風土性と、生活の伝統が培った歴史性のすべてを取り込んで、食生活の安定・永続のために日々英知をこらしたのが、主婦の食卓づくりであったと思います。そのために、食生活は優れて地域性をもつものでありました」

「庶民の生活思想」を浮きぼりに――食糧・環境問題を解決するおおもと

近年、日本的な食生活が見直されるようになり、健康食・長寿食としての郷土食、食糧自給のための食のあり方、食生活における心のふれあいなど、さまざまな面から評価されている状況に対して、この全集を次のように位置づける。

「本全集は、もちろんそのような意味をもつ郷土食としてまとめることも大きな目的と致しますが、さらに、冒頭で述べましたように、地域の食べもの・食生活の総体を、人びとの暮らしや地域の自然・

産業なども関連づけて再現することにより、食に集中的に表現されている庶民の生活思想・自然観を浮きぼりにしたいと考えます。

現代、人類の重要課題は、食糧問題と環境問題だといわれますが、これらの解決のためには、農耕地を含めた自然に対して人間がいかにかかわるか、ということが、重要であると思います。そして、自然と人間の関係をより望ましいものにしていくための考え方の基礎は、各国・各地で土地に根ざして生きる生活者の思想に求められるべきだと思います。すなわち、家族・地域の人びとの健康と食生活の問題を、自家や地域の自然（農耕地や山・川・海）の安定と直接結びつけて考え、生きてきた庶民の生活思想、とりわけ食の思想の中にこそあると考えます」

地域の食べもの・食生活の総体を、その土地の自然と産業、暮らしと関連づけて捉えるためには、実際の編集段階で食の地域性をつかむこと、各都道府県内を特徴ある地域に区分して、聞き書きする地域を決めることが必要になる。

2　「食」を地域に分けてみる

いま残したい、地域による食の多彩さ

食の地域性をどうつかむか。

前章では、私たちが古沢典夫氏（『岩手の食事』編集委員長）の指導を受けて行なった岩手県各地域の食の調査について述べた。その過程は、地域による食の多彩さと、食に込められた人と自然のつながりの奥深さの発見の連続であった。そして「いま記録に残さねばならない」という気持ちを関係者一同が共有し、持続することにつながったと思う。

食の地域性を探求し、取り上げる地域に区分することは、そのまま『岩手の食事』の編集方針と構成、内容の具体的イメージをつくることにつながるものであった。さらには、わが県の独自な編集コンセプトをもつことであり、その後の執筆のための調査、聞き書きへの一番の近道であったともいえる。

食の地域性の成り立ちと地域区分

全都道府県の編集委員会には、それぞれのスタート時点で、地域の食の調査と、地域区分＝取り上げる地域の選定をしていただいた。そのための、食の地域性の考え方と地域区分のし方について、「企画書」で概要を次のようにまとめている。

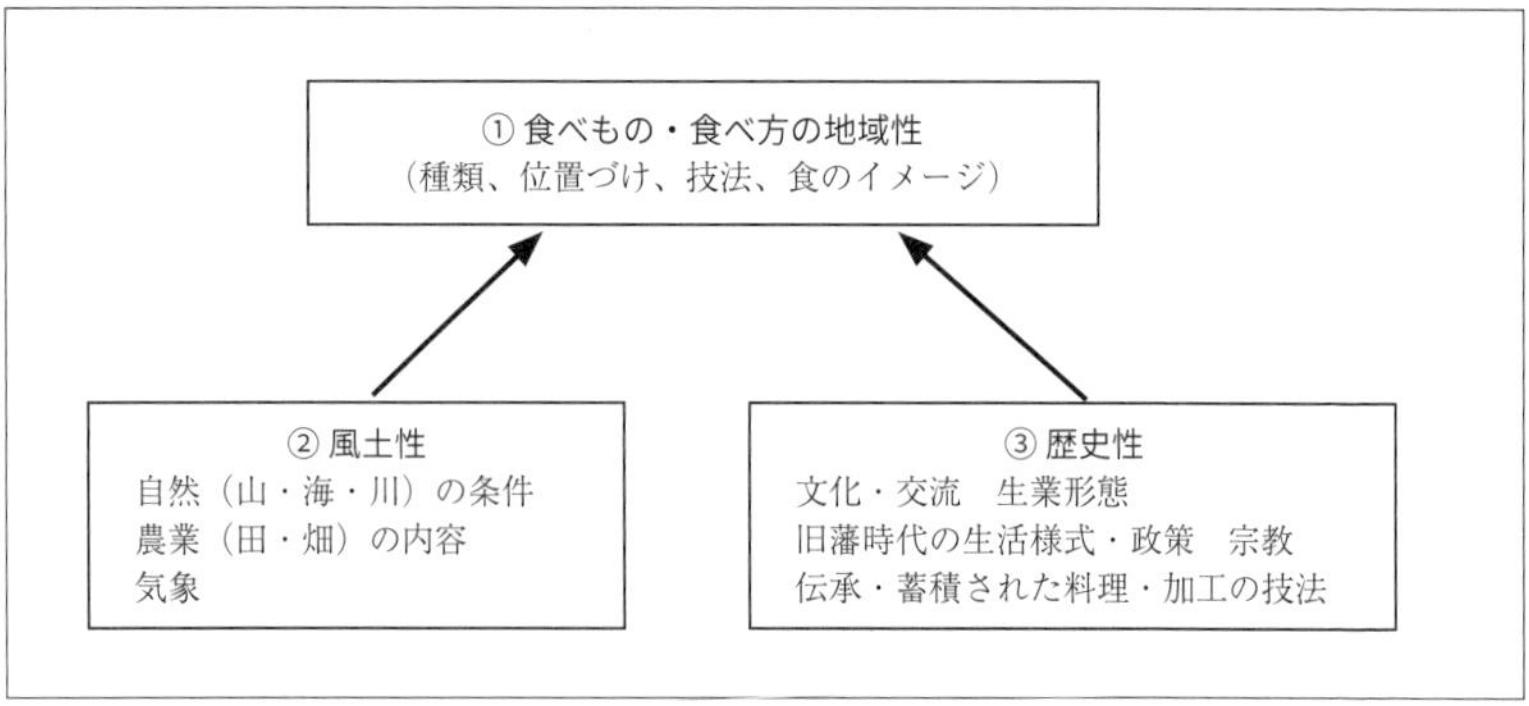

図2-1　食の地域性の成り立ち（「日本の食生活全集　企画書」より）

食の地域性とは「食べもの・食べ方の地域性」であり、それには地域の「風土性」と「歴史性」が大きくかかわり、図2-1のように三つの要因から成り立っている。これら要因が地域区分をするさいの指標となる。内容・項目は次のようである（一つひとつの項目に説明文がついているが、ここでは省略）。

①食べもの・食べ方による区分

（ア）主食の成り立ち

(a)第一主食　(b)頻度の高い主食　(c)晴れ食　(d)特徴的な主食

以上(a)(b)で大まかな区分をし、(c)(d)の視点で補正・修正する

（イ）豆類の食べ方

(a)味噌の材料・種類　(b)ひしお・なめ味噌の種類　(c)大豆食品の頻度・日常性　(d)味噌と醤油の関係（醤油の有無）　(e)豆類の種類の特徴

豆（とくに大豆）は栄養源として重要であるばかりでなく、地域の味覚を基礎づけているので、種々の角度から地域性をとらえ、主食による区分と重ね合わせてみる。

（ウ）山菜・きのこ・野菜の利用

(a)山菜・きのこの利用　(b)野菜の種類　(c)貯蔵・加工への依存度と内容　(d)漬物の特徴

（エ）動物資源・水産資源の利用

(a)魚の種類・鮮度・利用頻度　(b)魚の保存　(c)山の獣・昆虫の利用、小家畜の飼育　(d)魚や肉の晴れ食

(c)(d)は、地域の自然と農地を最大限生かすことを基本としつつ、外部からの素材をうまくとり入れ、食の充実をはかる営みの地域性である。明瞭に地域差が出るいくつかの指標によって区分し、(a)(b)の区分と重ね合わせてみて、「食べもの・食べ方」による区分を完成させる。

以上の指標・項目について調査し比較・検討した結果、岩手県の食べもの・食べ方の特徴による地域区分は、次ページ表2―1のようになった。

②風土性による区分

（ア）農業の再生産構造

(a)水田・畑の面積とその割合　(b)麦作の可能性　(c)畑の中心作物　(d)家畜の種類・頭数・飼料

(e)山の利用度　(f)田畑面積、商品化程度とその内容

（イ）海・湖の食資源利用

（ウ）気象条件など

②風土性による区分と次の③歴史性による区分によって、①食べもの・食べ方による区分を裏づけ、補正していく。実際には、まず②と③によって区分し、そのうえで①による区分と照合し補正することも有効である。

岩手県の風土性による地域区分は表2-2のようになった。

山菜・きのこ・野菜	水産・動物資源	特徴（食文化の類型）
里芋・さつまいもが全くない。山菜・きのこが少なめ	中流魚	雑穀型（ひえ・そば・小麦・大豆文化、一部焼畑文化）
里芋・さつまいもが全くない。山菜・きのこが少なめ	渓流魚	同　上（同上プラス山文化）
里芋がある	中流、用水の魚	米・麦型（米粉・もち米粉文化）
里芋が多い	いわしの飯ずし、池・沼の小魚、もくずがに、えび	米型（もち文化）
山菜・きのこがきわめて豊富	にしん・はたはたのすし漬、かすべ（えい）、渓流魚	米型（すし文化）
同上、里芋・さつまいもが全くない	渓流魚、山の獣類	雑穀型（山文化）
山菜・きのこが少ない	生鮮魚貝・海草類豊富	雑穀型（沿岸文化）

生　　産　輪作、土地利用	山の利用	海の利用
ひえ－小麦－間作大豆、焼畑（そば、あわ、大豆）、菜園はじゃがいも、大根が多い	多　い	少、塩物、干物
ひえ－小麦－間作大豆、ほかにそば、かぶ、大根など	多　い	やや少、同上
小麦－間作大豆、ひえ－小麦－間作大豆、ほかにそば、大根など	少ない	同上、他に漬物
小麦－間作大豆、葉種・大麻は川畑に多い、水田は大麦と二毛作	少ない	中、塩物、干物、すし
大豆、菜園、1年一毛作となる	非常に多い	同上
1年一毛作となる、ひえ、大豆、じゃがいも、大根など	極めて多い	少、干物、塩物
北部はひえ－小麦－大豆、南部は小麦－大豆	少ない	極多、鮮魚

表2-1　岩手県の食べもの・食べ方の特徴による地域区分（『岩手の食事』より）

地域名	主食			大豆の食べ方	
	おもな主食（①は第一のもの）	晴れ食の特徴	特徴的なもの	味噌など	豆腐など
県北	①ひえ飯 小麦ひっつみ そばかっけ	そば料理	あわ飯、あわもち、きび粉のだんご（浮き浮き）、しだみもち	豆味噌澄まし	豆腐を平常食としている、豆しとぎ
遠野	①ひえ飯 小麦ひっつみ 麦飯、かゆ	同上	しだみもち	豆味噌	豆腐は晴れ食 豆しとぎ
県央	①麦飯 かて（大根）飯 小麦ひっつみ 米粉・もち米粉だんご	多彩な米粉料理 そば料理	うるい飯、こっけい、しなだんご	豆とこうじの味噌	豆腐は晴れ食 醤油
県南	①麦飯 大麦がとくに多い	多彩なもち料理	ずんだもち、ふすべもち、ゆりぶかし	同上	豆腐は晴れ食 醤油ずんだ
奥羽山系（南）	①かで（大根）飯 米粉だんご （大・小麦がない）	もち料理		同上	豆腐は晴れ食
奥羽山系（北）	①ひえ飯 ひえねり かで（大根）飯 （大・小麦がない）	そば料理	わらび根もち	豆味噌	同上
三陸海岸	北から南へ重点が移行 ひえ→小麦→大麦→米と変化	北部はそば、南部はもち	めのこ飯、三穀飯、くるみ雑煮、ひゅうじ	北部は豆味噌	同上

表2-2　岩手県の風土性による地域区分（『岩手の食事』より）

地域名	標高	気象				農業	
		気温	積雪	降水量	冷害の頻度	水田・畑関係	麦作
県北	中～高	冷涼	中～やや多	少～中	多	畑中心	小麦
遠野	高	冷涼	中～やや多	中	多	畑中心	小麦多大麦
県央	やや低～中	やや温暖	中	中	中	水田中心	大・小麦両
県南	低～やや低	温暖	少	中	少	水田中心	大麦
奥羽山系（南）	中	やや温暖	極多	多	中	水田中心	なし
奥羽山系（北）	高	冷涼	極多	多	多	畑・水田ひえ	なし
三陸海岸	低	夏冷涼 冬温暖	極少	中	多	畑中心	南大麦北小

③歴史性による区分

（ア）晴れ食・行事食
（イ）蓄積された加工・料理手法
（ウ）文化・交流
（エ）旧藩時代の生活・政策
（オ）宗教
（カ）生業形態
（キ）地域の歴史……開発の歴史の古さ、移住者の出身地など
（ク）都市文化等の影響

歴史性による区分は、風土性による区分と重なる面があるが、別の区分が成り立つ場合もある。例えば、岩手県では、県南は晴れ食の特徴（もち料理など）と旧藩（伊達藩）の影響から県央と明瞭に区分できる。また、奥羽山系は秋田県との交流による影響（魚のすし保存など）から一つの地域として区分できる。

『岩手の食事』の地域区分

以上の三つの指標による区分を総合的に検討して、『岩手の食事』での地域区分（取り上げる地域）

は次の五地域となった。

県北の食―ひえ、あわ。そば、大豆を多彩に生かす（サブ地域として、北上山系＝遠野の食生活）

県央の食―米麦の多面利用が食全体を豊かに

県南の食―もちの食べ方の多彩さは全国一

三陸沿岸の食―浜の四季と魚貝、海草、味の競演

奥羽山系の食―山菜、きのこ、すし漬の宝庫（北部＝県北型と南部＝県南型の違いをとらえる）

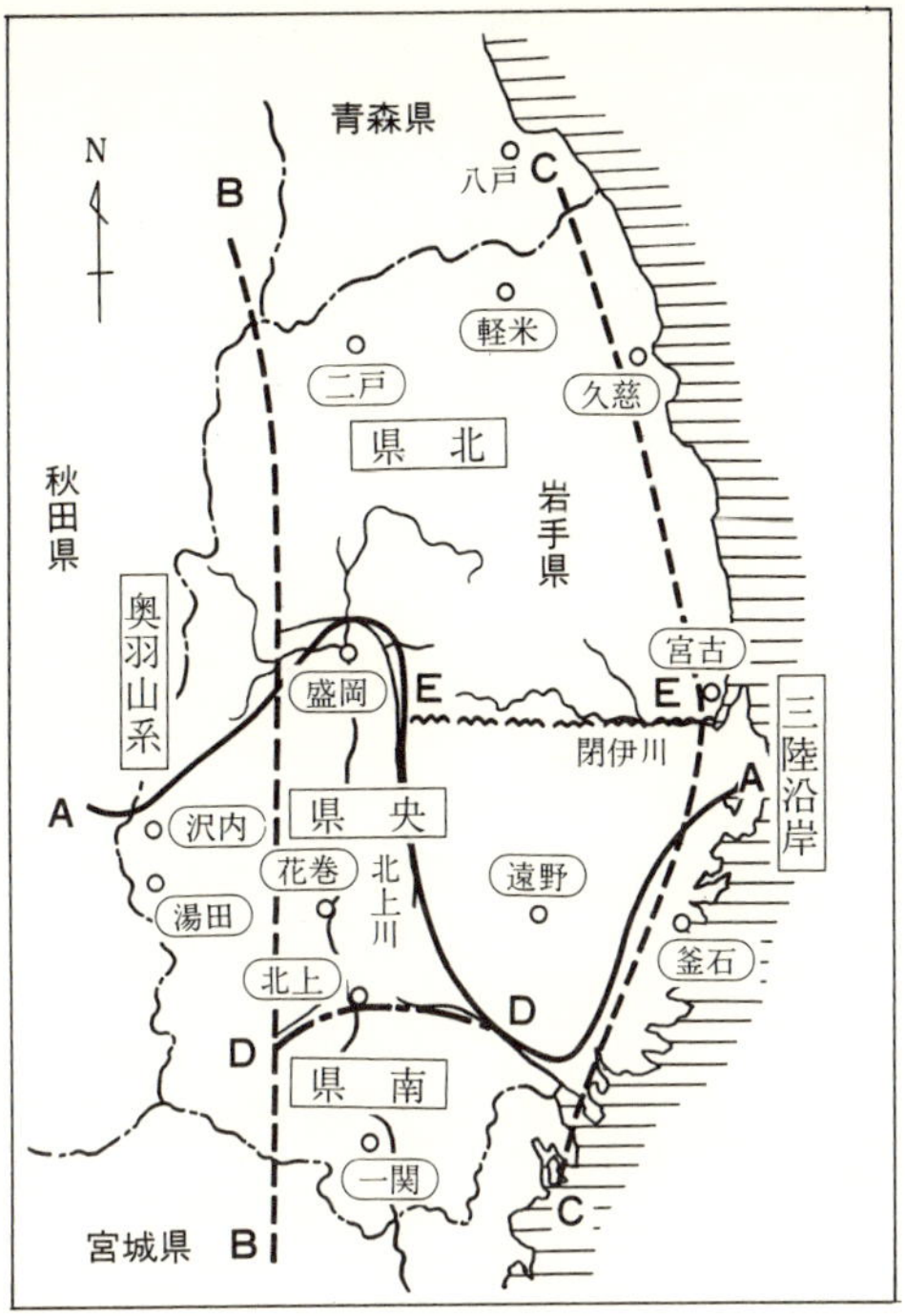

図2-2　食をめぐる岩手県の地域区分（『岩手の食事』より）

『東京の食事』の地域区分

▼世界最大都市・江戸は生産とつながるリサイクル都市

都市部はどうか、江戸・東京についてみてみよう。

群雄割拠の戦乱の世が終り、徳川家康が江戸に入府したのが天正十八年（一五九〇）。一面湿地・原野の状態から江戸の街づくりが始まり、増える人口を養うために近在に農業・漁業を起こした。例えば野菜についてみると、摂津（大阪府）など関西からの開拓農民がふるさとのタネを持って深川（江東区深川）や砂村（江東区北砂・南砂）、やがて品川などに上陸し産地をつくった。例えば砂村にはねぎ・にんじん・きゅうり・なすなどの品種が生まれ、砂村ねぎは足立区の千住ねぎ、さらには埼玉の深谷ねぎなど関東流の長ねぎのもととなった。小松菜は葛西領（江戸川区）の洪水・肥沃地帯で誕生した。多摩丘陵の火山灰洪積地には沢庵用の練馬大根、旧利根川・荒川筋の沖積土壌には浅漬け用の亀戸大根が生まれるなど、先人たちの努力で各地の風土に適した数々の野菜が生まれた。参勤交代により各藩の下屋敷では青物自給が行なわれ、全国の作物が江戸に集まったこと、中仙道の板橋宿のようにタネ屋街道と呼ばれ種苗交流が行なわれたことなども重なって、江戸周辺に野菜産地が広がり、巨大都市の食を支えた。

近在の野菜は江戸に発達した水路網で運ばれ、河岸には青物市場ができた。帰りの船は市中の下肥を汲んで川をのぼり、農地に還元された。魚市場から出るあらも、かまどの灰も、紙くずも「廃棄物」はみな再利用された。江戸の人口は、一二〇～一三〇万人で世界最高。ヨーロッパの大都市が歴史的に、環境の悪さから疫病に悩まされてきたのに対して、外国人旅行者が驚くほど清潔な街だった。巨大消費都市江戸は、生産と生活がつながるリサイクル都市だった。

▼乳肉食、西洋野菜の受入れの基礎をつくった東京農業

その基盤の上に明治以降、東京は世界の食文化を受け入れる先導的な役割をしていった。乳肉の生産についてみると、明治十九年（一八八六）には、乳牛の牧場が千代田区一四、中央区・文京区各一五、台東区一六、新宿区一八、港区二九というように東京都心は日本一の酪農王国だった。明治維新で職を失った元士族が始めたものである。やがて町田市・八王子市、伊豆諸島が酪農地帯となった。養豚はまず都区内にひろがり、やがて北多摩地方中心に野菜栽培などと結びついて循環型の有畜農業として定着した。野菜では西洋野菜の導入と栽培の確立、トンネルやハウスを使った早出し栽培に多くの農家が尽力し、実績をあげた。

野菜でも花卉でも、畜産でも、東京は近代農業のスタートに、大きく貢献したのである。

以上はJA東京中央会企画・発行『江戸・東京ゆかりの野菜と花』（一九九二年）、『江戸・東京暮しを支えた動物たち』（一九九六年）、『江戸・東京農業名所めぐり』（二〇〇二年、いずれも発売：農文協）を参考にしてまとめた。これら三作は、加藤源蔵JA東京中央会会長（当時）の「東京農業の

果たした役割、それを支えた先人の足跡を、〝次世代との共生〟をめざすＪＡ活動の学習素材として後世に残そう」との強い意向で企画・発行された。編集委員・著者には、戦後の東京農業と農家経営確立のために熱気をもって農村を回った東京都の元農業改良普及員などが当たり、私は編集を担当した。

編纂事務局で中心的役割をされた大竹道茂氏（ＪＡ東京中央会参事など〈当時〉）は、現在、江戸・東京野菜の伝承と普及の活動を精力的に展開されている。

▼個性豊かな東京の「地域の食」、その地域区分

生産と生活が結びつき支えあって形成されてきた江戸・東京には、街に、むらに、島々に個性豊かな「地域の食」があった。『東京の食事』では地域区分を次のようにしている。

市域の四季と食（深川左官職人／浅草駒形のかばん職人夫婦／日本橋人形町のハイカラ女学生／大崎町地主一家）

下町の食

山の手の食

大森海岸の食

水郷・葛飾の食

武蔵野台地の食

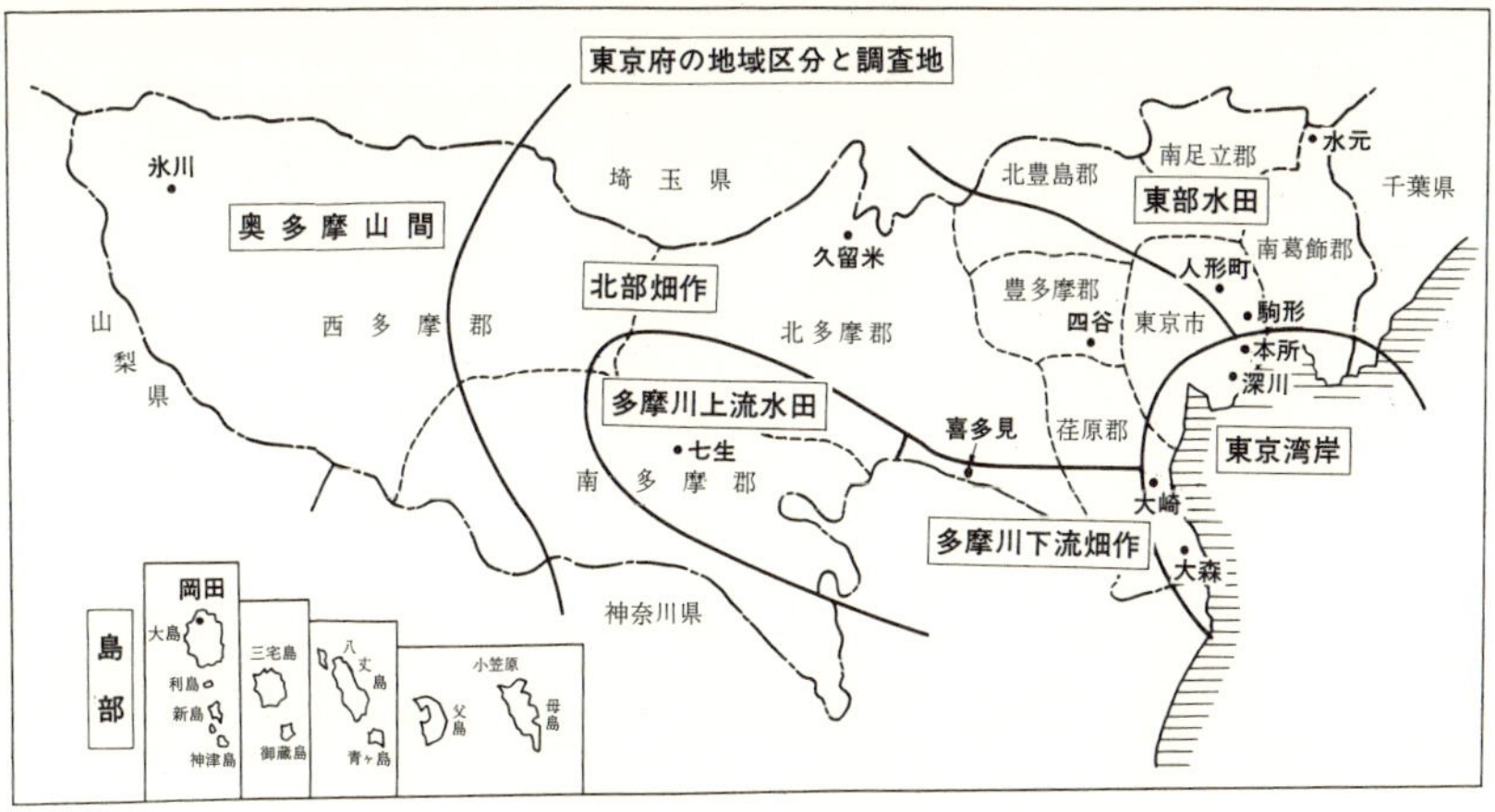

図2-3　食をめぐる東京の地域区分と調査地（『東京の食事』より）

多摩川上流の食
奥多摩山間の食
島（伊豆大島）の食

「わが地域の食」の掘り起こしへ

『岩手の食事』では県内を五地域に分けて取り上げ、他の都道府県版でも五〜八地域となった。これは大きな区分である。もっと細かく市町村、あるいは旧村単位、さらには小学校区とか集落単位で見ていくと、そこにはそれぞれの個性があるはずだ。

また、この全集は、岩手県北なら県北全体で隈なく聞き取りをして平均したものではない。それぞれの地域で、中心話者プラス何人かのおばあさんたちに一貫してお話をうかがい、また昔の食事をつくってもらい写真に収めてまとめたものである。

したがって、「県北の食」といっても、語ってくれたおばあさんの食である。人生とともにあった食事づくりの営みであるだけに、その人の「思い」がより強く反映している。

といって、そのおばあさんが「どう思い願って」食事をつくったか、思いそのものを聞いて書いたのではない。冬の朝食は家族に何を食べさせたか、小麦はどんな食べ方をしたか、大根の品種のいろいろと食べ方・保存法はどうであったかなど、とにかく具体的な事実を聞き取ってまとめたのである。

それが結果として、刊行のねらいで掲げた「庶民の生活思想」「主婦の思い」「地域の思い」の表現としての食を描くことになったと思う。各都道府県版の発刊が続くなかで、各地で「わが地域の食」を掘り起こす運動につながっていった。

この全集の編集・発行を契機に、多くの都道府県で編集委員会を中心に「食研究会」が発足し、農文協文化部の協力のもと、食シンポジウムなどが盛んに開かれていった。また、市町村レベルなどでの「わが地域の食」の掘り起こしと記録、それを地域で共有・享受する「食の祭典」「食べ事《ごと》会」の開催といった動きへと広がっていった。

3　古老からの聞き書きのおもしろさ

食の総体を描くために

「地域の食」をどう聞き取って、どう表現していくか。食の総体を描くといっても、何でも聞いて盛り込むのではなく、総体を捉えるための仕掛けが必要だ。企画書では「伝統的食生活の要素と成り立ち――構成を考える視点」として、以下のようにまとめている。

まず、日々食卓に並ぶ食べものを三つに分類した。

（1）基本食（生存のベース）……穀物・いも類・豆類など地域の主要農産物の利用。いわば生命の糧となるもの。

（2）季節の素材……野菜・山菜・魚貝・肉など季節性の強い素材を生かす食べ方および保存法。山・海・川などの非農耕的素材も多い。

（3）伝承される味覚（味覚のベース）……味噌・醤油・漬物・すし漬などの発酵食品や調味食品。地域で受け継がれる油脂作物・酢・香辛料なども含む。

伝統的な食生活の成り立ち

この三つの関係と伝統的な食生活の成り立ちについて、やや固苦しい文章であるが、企画書から要約・引用する。

「人間の食は長い歴史のなかで、生存の安定・永続に向けた努力により基本食＝生存のベースが成立し、その努力の一端である発酵・貯蔵などにより味覚のベースが形づくられます。これら二つのベー

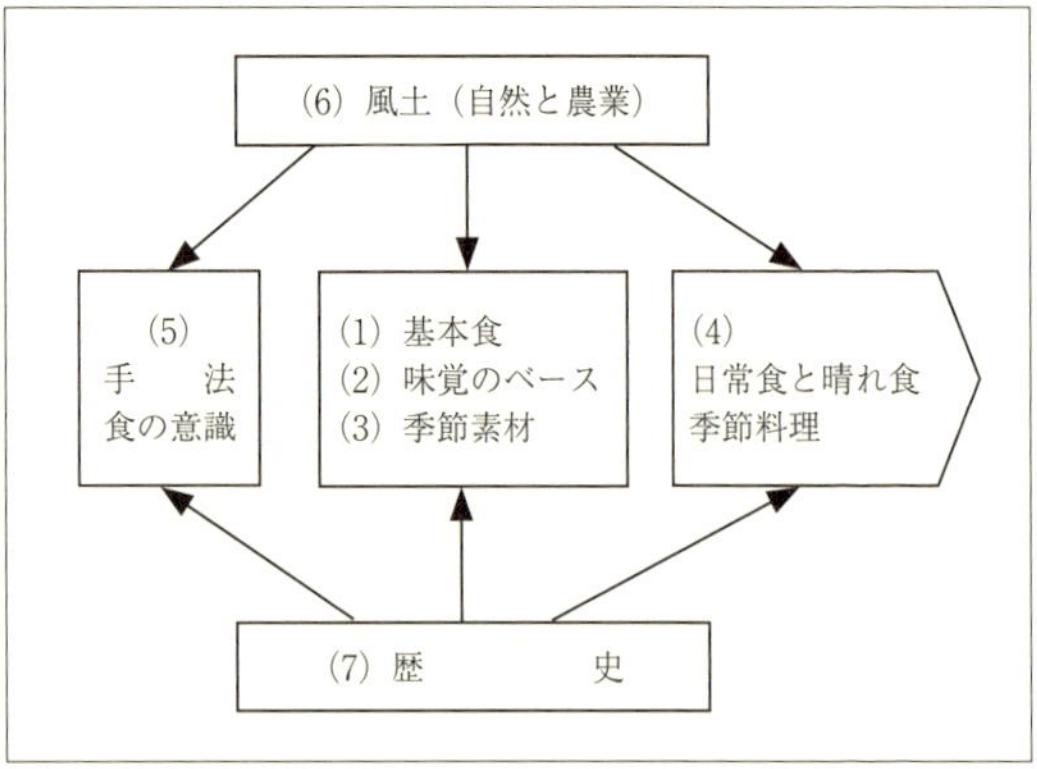

図2-4　食生活の要素と成り立ち
（「日本の食生活全集　企画書」より）

スの形成にともなって、季節的な素材はそれぞれの特色を生かす形で二つのベースと組み合わされ、食の季節性が鮮明になっていきます。季節に自らを合わせる段階から、意識的に食生活を季節的に仕組んでいく段階へと進むことにより、人間の食生活は生命維持と楽しみの両者を総合的に満たす段階へと発展してきたと思われます。以上の点は、日常食と晴れ食の組み合わせにもみられることです」

これは先人の食研究などに学び、岩手各地のおばあさんたちの食事づくりを裏づけに、地域の食を構造としてとらえる観方であるが、ここから、次の要素が出てくる。

（4）食の季節性（季節料理）、日常食と晴れ食の組み合わせによる年間の食の営み

さらに、毎日の食事づくりを支え、生み出す力になるもの、その地域的な背景として次の要素がある。

（5）加工・料理の手法、および食の意識

（6）風土……その地域の自然と農業（漁業）

（7）歴史……行事・しきたり・宗教・文化、蓄積された技

以上の関係を示したのが、図2‐4である（企画書より）。

「地域の食」を本にまとめる目次だて

本としてまとめるには、以上の七つの要素をどのように織り込み、構成（目次立て）するかが問題になった。当初、地域の食の基盤である（6）風土と（7）歴史を総論的に先に書いてから基本食や季節素材、味覚のベースの具体論に入っていくという構成案があり、これで執筆見本を作成して、農文協内の企画委員会に諮った。しかし、あまりに説明的で、食の発想も固定的になる。食をめぐる人びとの動きが見えてこない。主婦たちが毎日の食事づくりにどう取り組んできたかが先にくるべきだという意見が強く、結果として（4）食の季節性を「四季の食生活」として冒頭にもってくることになり、構成（目次立て）は次のようにした。

〈『岩手の食事』県央の食の場合〉

Ⅰ 四季の食生活　図2‐4の（4）
Ⅱ 基本食の加工と料理　図2‐4の（1）　ただし（4）（6）（7）との関係も適宜
Ⅲ 季節素材の利用法　図2‐4の（3）　同右
Ⅳ 伝承される味覚　図2‐4の（2）　同右
Ⅴ 県央の食、自然、農業　図2‐4の（6）（7）

同じ食べものを三つの角度から聞く

食べものの本を編集するとき、ふつうの料理書なら、ご飯料理、米粉料理、さつまいもの加工・保存と料理というように、あるいは春の山菜料理、山菜の保存法というように、そのものをほぼ一方向の聞き取りでまとめられる。

しかし、「日本の食生活全集」の構成に必要な内容を満たすためには、聞き取りは同じ食材・料理でも三つの方向から聞かねばならない。上記構成のⅠ、ⅡⅢⅣ、Ⅴの三方向である。『岩手の食事』の「県央の食」から、大根についてみてみよう。

岩手県央地域は、企画調査の段階は私が担当し、おもに紫波町の高橋チヨさん（前出、明治三十九年生まれ）から話を聞いた。そして実際の聞き書き・編集は、編集委員の岩手大学教育学部助教授（当時）及川桂子氏が担当し、チヨさん宅ほかに何回も通い、モデル的内容に仕上げていただいた。そこから紹介させていただく。

大根ひとつでも、すごい世界が現われる

「Ⅰ 四季の食生活」で、冬の食事づくりを聞いていくと、大根のいろいろな料理名が出てくる。米の節約のために大根で増量する大根かて飯、味噌汁には大根の干し葉、あるいはゆでてきざんで凍らせ

た大根葉、納豆に大根おろし、大根の煮ものとその保存食、大根の浅漬・がっくら漬（写真2-1）・こぬか漬（たくあん）・味噌漬など多種類の漬物だ。

これらを、三度の食事と小昼・夜食のいつに、他の料理とどう組み合わせて食卓にのせていたかが語られる。例えば、朝飯がふつうの味噌汁のときは納豆の大根おろしあえ、納豆汁のときはむきたけやぼりめき（ならたけ）などのきのこの大根おろしあえを出す（写真2-2）。

昼食には朝の大根かて飯の残りに米粉やそば粉を加えて練り上げた「こっけえ（粉粥）」を食べることがあるが、これには味噌漬の大根や高菜がよくあう。おかずには保存しておいた大根の煮ものをつける。

写真2-1　岩手県央　大根のがっくら漬
（『岩手の食事』より　撮影：千葉寛）

写真2-2　岩手県央　冬の朝の日常食
膳内上：きのこのおろしあえ
膳内下：（左から）大根かて飯、納豆汁
膳外：漬物（大根、きゅうり）
（『岩手の食事』より　撮影：千葉寛）

夕飯は小麦粉を練って薄くちぎって野菜汁に入れる「ひっつみ」、そば粉を練った「そばはっとう」など「しとねもの」（粉を練ってつくる料理）が多いが、これには大根かかぶのなますが相性がいい。そばはっとうは大根おろし醤油をつけて食べるという具合だ。

大根ひとつについて冬の一日をみただけで、これだけの組み合わせ、心配りと技がある。同じことがすべての食材について、さらに一年すべての季節の日常食と晴れ食について行きわたっている。そこを一食ごとに、季節ごとに聞き取っていくのが「四季の食生活」コーナーだ。

食の奥深い営みがみえてくる

「Ⅲ 季節素材の利用法」では、大根をどう加工・保存・料理していたかを聞く。まず品種について、大根おろしには青頭、煮ものや味噌汁・凍み大根・がっくら漬などにはやわらかく味のしみる方領大根、こぬか漬には練馬大根、どの品種もクズのようなところは大根かて飯に使用、といった使い分けの知恵、やりくりが明らかになる。

続いて大根の料理・加工と食べ方。「県央の食」では、切干し大根の煮つけ、同じく炒め煮、凍み大根の煮もの、干し葉汁・かす汁を取り上げている。

切干し大根や凍み大根は、貯蔵した生大根が食べられなくなる春以降、時なし大根が採れ出すまでの間のために、冬の寒さを利用してつくっておくもので、主婦の大事な才覚だ。この保存食が、春、山で採れ出すふきやわらび、身欠きにしんなどとの煮ものにぴったりあい、農作業繁忙期を乗り切る大切な季節料理の一つになっている。

「Ⅳ 伝承される味覚」では、毎日の食卓に欠かせない大根の漬物（がっくら漬・こぬか漬など）のつくり方を紹介している。

「Ⅴ 県央の食、自然、農業」では、その家の水田・畑・自家菜園・屋敷まわり・山林・川海からどのように食べものを得ていたかを、次ページの図2-5のようにまとめている（全巻共通）。この聞き取りで、年間に必要な食材を確保するために土地利用・輪作をどう仕組んでいたかが明らかになる。

聞き取りを一方向から二方向、三方向と重ねるにつれて、食材・食べ方・料理法といったレベルから、農地・自然の利用、寒さ・乾燥など気象の活用、旬の食べものと保存食の出会いによる多彩な季節料理、四季折々の労働に応える日常食、行事・祭りの晴れ食の楽しみ、これらを演出し続ける主婦の思いと知恵や技が合わさって食というものがだんだん立体的に見え、人の奥深い営みだということが感じられる。

地域の古老からの食の聞き書きのおもしろさは、そこにある。

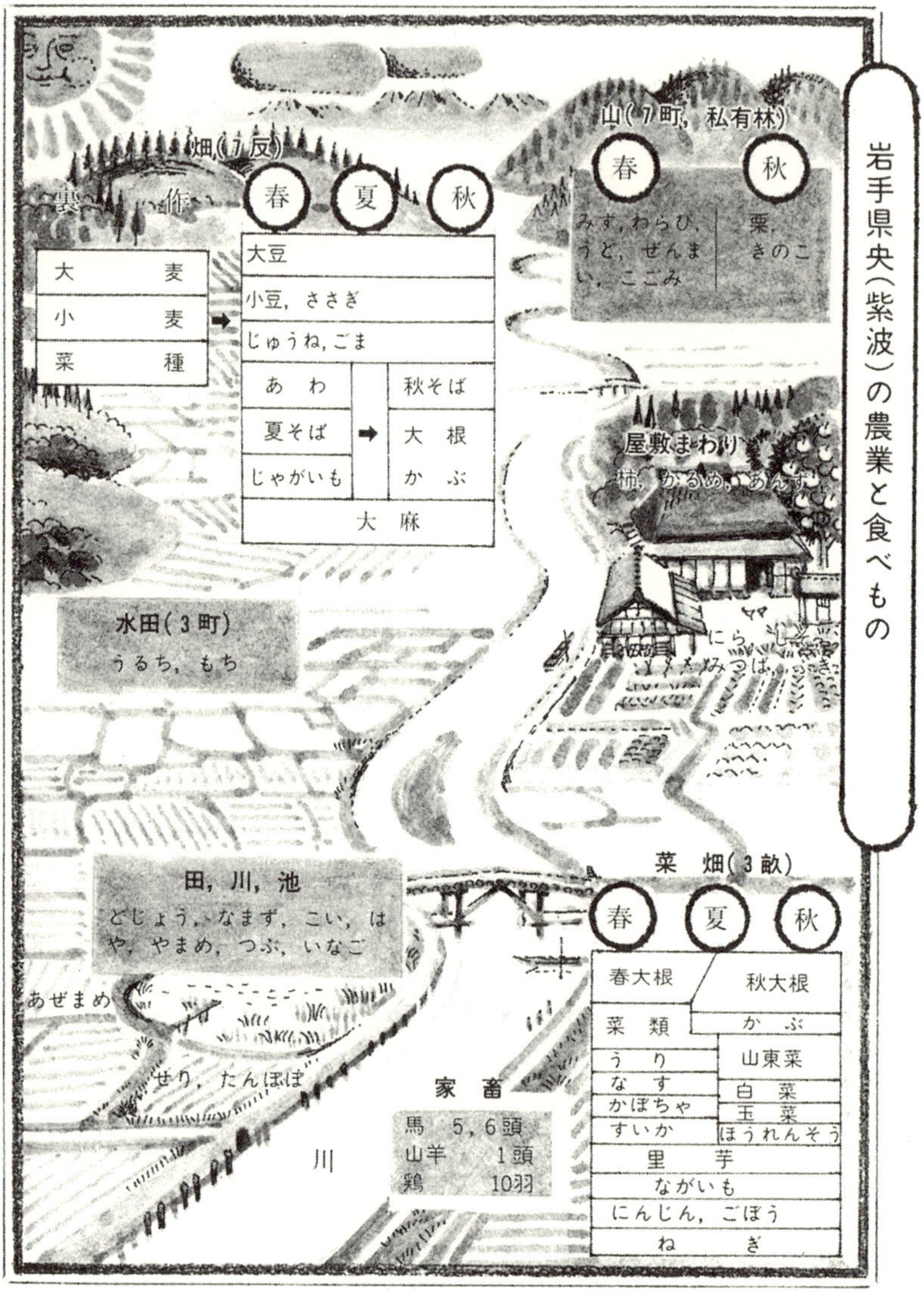

図2-5　岩手県央（紫波）の農業と食べもの（『岩手の食事』より）

4 「四季の食生活」が描く世界

主婦は収穫物のすべてを頭に入れて食事づくり

「冬。主婦は、秋に収穫を終えた米や豆、野菜のいろいろ、夏にとり入れた大麦、小麦のことを、すべて頭に入れている。来年の春、山菜や野菜がとれるまで青ものを保存し、夏、麦刈りがすむまで麦を残し、秋に米がとれるまで米を確保しておかなければならない。

このような算段をしながらも、割合にひまなこの季節には、家族の楽しみも考えて食事つくりに手間をかける」

これは『岩手の食事』「県央の食」の「四季の食生活」（執筆：及川桂子）の始まりの文章である。ふつう春夏秋冬と言うが、この全集の四季の食生活は冬から始めている。それは、右の文章にあるように、冬は春以降の食の算段をいろいろ考える時季であるからだ。続いて、冬・春・夏・秋の各季節の仕事と暮らしぶり、朝昼晩の食事と小昼や夜食、伝統行事や祝い・休日の晴れ食の内容などが、きめ細かに描かれていく。ここでは冬と春の目次をあげて、「四季の食生活」が描く世界を覗いてみたい。

〈県央の食　Ⅰ四季の食生活〉

1 冬――農閑期、手間をかけて食事を楽しむ

（1）青もの保存、主穀の端境期まで考えて――日常の食生活

朝――大根かて飯、納豆汁、きのこのおろしあえ

昼――こっけえ、味噌漬、大豆のおひたし

夜――ひっつみ、なます、煮もの、あえもの

（2）最上等のものを供え、味わう――晴れ食・行事食

暮れ――白米飯、甘塩さけ、すじこ、どぶろく

正月――白米飯、もち料理を中心に、年賀客にはそば切りも

小正月――干しもち、寒ざらしもち、白酒づくり

節句、彼岸――節句だんご、きりせんしょ

2 春――農作業の始まり、腹持ちのよい麦飯と漬物

（1）麦飯と干し野菜、凍み大根――日常の食生活

（2）田植えどきの赤飯、身欠きにしん、煮しめ――晴れ食・行事食

冬から春へ、多忙期を乗り切る日常食

「四季の食生活」では、各季節の日常食を丹念に再現していく。冬のご飯の中心は、前述したように、米を節約するために大根かて飯で、夕飯には麦やそばの粉を練ってつくる「しとねもの」が多い。

やがて春がきて、田んぼの準備と苗つくり、畑の種まきなどに忙しい日々が続く時期になると主婦は、大根かて飯から、腹もちのいい麦飯中心に変える。「しとねもの」は夕飯のほか焼きもちやだんご類など体に力をつける小昼にも出すようになる。暮れから小正月、節句についたもちは、干しもちとして保存してあり、炒ってあられにするなど、うれしいおやつ・間食となった。

大根のこぬか漬（たくあん）は冬から春には甘塩の早漬を食べてきたが、田植えころから保存性の高い塩の濃い長漬を出して食べる。また大根、にんじん、ごぼうの味噌漬も春から食べる漬物だ。主婦の手のうちには早く食べる漬物と、夏を越して長く食べられる漬物が、前年の秋のうちから何種類も準備されている。

そして何より、忙しい主婦の食事づくりを助けるのが前に述べた凍み大根、干し大根だ。にんじんやごぼうも、冬に干してある。これらを、干し豆腐、前年につくっておいたいもがら（ずいき、里芋の葉柄を干したもの）、身欠きにしんなどと煮ものにする。

冬は春夏のために、夏は冬のために、秋は一年のために働く。そんなふうにつないでいくのが主婦の食事づくりだ。

写真2-3　岩手県央　田植えの午前の小昼

上：（左から）漬物（きゅうり、たくあん）、煮しめ（にしん、にんじん、ごぼう、凍み豆腐、こんぶなど）
下：（左から）なます（大根、にんじん、青豆）、赤飯
（『岩手の食事』より　撮影：千葉寛）

助け合いで働き、休み、食を楽しむ

「田植えどきには、村でいっせいに休む日の『ふれ』がまわる。からす祭り、たなおろし休み、田打ち休み、田植え休みである。これらの日の多くは、特別のごちそうをするというのではなく、家でからだを休め、間食に余った種もみを炒り米にしたり、炒りもちや揚げもちを食べたりして過ごす。

田植えは、親類、近所の人と、、ゆいで行なう。当家が田植えの日には、朝の一服（午前の小昼）、昼食、午後の小昼を出すので、主婦は忙しい。

午前の小昼　赤飯、煮しめなど（写真2-3）

昼食　ごはん、豆腐の味噌汁、身欠きにしんのかす漬、おひたし、山菜のあえもの

午後の小昼　串だんごか小麦焼きもちなど」（県央の食　四季の食生活　春）

村の人びとの助け合いで農作業をし、食べる楽しみをともにし、休日をとりながら乗り切っていく日々が続く。

夏に向かっては、田の草取り、麦刈り、秋野菜の種まきなど忙しい日が続くなかで、ずい虫祭り（虫

追い祈願）、七日日《なのかび》という休日があり、それぞれ田の神さま、お歳神さまに決まったお供えをしていただく。

神仏に感謝し祝う晴れ食の日々

やがてお盆。先祖を迎えて、赤飯、吸いもの、煮もの、酢のもの、おひたし、ところてんなど精進料理を楽しみ、しばし休養。そして彼岸を過ぎると、収穫の秋を迎える。

めでたく収穫の終わった秋から暮れにかけては、神々に感謝し、ともに祝う日々が続く。

「農作業が全部終わったあとに秋ぶるまいをする。この日は、新しいもち米で秋もちを搗き、酒肴といっしょに田の神に供えて収穫を感謝する。……ごちそうの一例をあげると、もち（小豆もち、くるみもち、ごまもち、おつけもち、納豆もち）、刺身（たこ）、いかと芋の子汁、なます（大根）、あえもの（菊の花のごまあえ）、甘煮（干し豆腐、にんじん、ごぼう、かぼちゃ、身欠きにしん）、するめのつくだ煮。……収穫の喜びにひたり丈夫

写真2-4　岩手県央　秋ぶるまいのごちそう
膳内上：（左から）焼き魚（鮭）、まぐろの刺身
　　中：（左から）菊のごまあえ、たこ、煮しめ
　　下：（左から）酒、なます、いかと芋の子煮、するめのつくだ煮
盆内上：（左から）ごまもち、おつゆもち、くるみもち
　　下：（左から）納豆もち、小豆もち
（『岩手の食事』より　撮影：千葉寛）

写真2-5　岩手県央　大黒さまの年とりに供える料理
右の膳：まっか大根と大豆
左の膳：（上から）焼き魚、田作りとごぼうの煮もの、おひたし、昆布と豆の煮もの、すまし汁、白飯と酒
（『岩手の食事』より　撮影：千葉寛）

で働けたことを神仏に感謝し、家族全員の労をねぎらうために、主婦は、この日は材料もふんぱつし、ごちそうづくりにはげむ」（県央の食　四季の食生活　秋）

このの ち年末にかけていろいろな神さまの年取りが続く。十二月五日はえびす様で、尾頭つきの魚とお神酒を供える。九日は大黒さまで、尾頭つきの魚とまっか大根（二股大根）、お神酒、大豆とひたし豆。十二日は山の神さまで、もちを搗き一二個供え、煮しめ、どぶろくを飲む。二十三日は地蔵さまで、上米の米粉でだんごをつくって供える。

大黒さまには二股大根と豆料理というように、それぞれの神さまに供えるものが決まっている（大黒さまのことは156ページ）。そして、一連の神さまとの饗宴で、家の主な作物を次々と、一番おいしい食べ方で味わい楽しんいく。神仏行事や祭りは、わが家・地域の大事な作物・産物と食べる心と技を来年に、将来につないでいく営みである。

子どものお祝い食に地域の豊かさが結集

「四季の食生活」には桃の節句、端午の節句など、子どもの誕生と成長を祝い願う季節行事も丹念に描かれている。このとき、子どもたちにうれしいごちそうもまた、神仏行事や祭りの晴れ食と同じように、地域の自然の恵みと旬の味、料理の技が生み出す楽しみ、いわば地域の豊かさを次代に伝承していくイベントでもあった。

岩手県央では、桃の節句にはひしもち、節句だんご（花まんじゅう）、きりせんしょ（一章54ページ）などだが、ここでは岩手を離れて、『広島の食事』の「瀬戸内の食」（執筆：山崎妙子）から、ひな節句のごちそうを紹介する（写真2-6、7参照）。

「春がきて水がぬるむと、海掘りの季節がはじまる。ふきの茎が伸びて。きぬさやえんどうが八百屋の店先にではじめるころになると、だれしもばらずしを思い出してつばをのむ。にんじん、ごぼう、れんこんにふきやきぬさやえんどうなどの季節野菜と、瀬戸内の四季おりおりの小魚類をとり合わせた五目ずしを、この地方ではばらずしと呼ぶ。

節句や花見のごちそうとしてつくられ、とくにひな節句には『かい（貝）ない節句はいけない』といい伝えられており、必ず小貝（あさり）をむき身にして入れる。

また、ばらずしにはあなごも欠かせない材料である。『あなごは宮島もんに限る』と言われるほど、宮島の対岸、大野のあなごは有名であり、ばらずしの味はあなごで決まるといっても過言ではない」（瀬戸内の食―広島湾沿岸の食）

春の野の恵みと海の恵み、それに最高のあなごという地域ならではのぜいたくな組み合わせ。あな

写真2-6　広島湾沿岸のお節句のごちそう　ばらずし
(『広島の食事』より　撮影：千葉寛)

写真2-7　広島湾沿岸のお花見とひな節句のお弁当
左の折り箱：男の子の花見用　右の折り箱：女の子の節句用。ばらずし・押ずし・巻きずしなど色とりどりのすし、煮しめ・卵焼き・酢れんこん・煮豆・寒天などのごちそう
(『広島の食事』より　撮影：千葉寛)

この頭や骨を合わせ酢につけておいしさを出すという技と心くばり。これらを結集させた「ばらずし」で、子どもの成長を祝った。

こうした地域の食の営みが、全都道府県巻とアイヌの食事巻のすべてにおいてきめ細かに聞き書きされ、おもに「四季の食生活」コーナーで描かれている。

5　「主食」ではなく「基本食」としてとらえる

米麦、雑穀、いも、かぼちゃ、大豆も基本食

地域ごとの「四季の食生活」の次が「基本食の加工と料理」だ。

ふつう、食べものは、主食、副食、嗜好品というように分けられてきた。近年、食事バランスを重視した国の「食生活指針」では、主食、主菜、副菜という分け方をする。

「日本の食生活全集」では、主食にあたるものを「基本食」と呼ぶことにし、全巻それで通している。

日本人の主食は米のご飯というふうに思われてきたが、地域の伝統食の企画調査をすすめていると、岩手県では雑穀・小麦のしとねもの（粉食）のほうが多い地域がある。西日本ではさつまいもの位置が非常に高く、北海道ではじゃがいもが重要である。

また、ご飯は大麦・雑穀を入れて炊くことが多く、いも、大根、山菜、海藻などで増量するかて飯が日常食だった。岩手県では大根かて飯が多く、大根は煮もの・漬物に使う分と合わせて一軒で何百本も収穫し貯蔵、加工・保存した。ともに企画調査のときに「大根は副食でなく準主食だ」という議論もした。

そんなことで、穀物といも類・かぼちゃなど、人びとの生存の安定を支え、労働の源泉となる食べもの群を「基本食」と呼ぶことにした。

大根はさすがに「季節素材」に入れたが、大豆などの豆類は基本食とした。保存性の高さと、多様

な加工によってつねに台所にあり、穀物やいもとともに毎日の食に使われる、いのちの糧だからである。

わらび根、おおうばゆりの球根、とち・どんぐりの実も

前章で述べたように、岩手県の奥羽山系・沢内村の北部は寒冷で米がよくとれないため、寒さに強いひえ、あわ、そばなど雑穀型の食生活だった。

昭和五十七年（一九八二年）、沢内村に調査に伺ったとき、高齢者創作館の館長をされていた藤原春吉さん（当時八一歳）から、次のような話を聞いた。

今年は凶作だという年には、秋になると村で日を決めて、「根花掘りに行きましょう」とみんなで、共有の山（採草地）へ出かけた。根花とは、わらびの根からとる澱粉、わらび粉のこと。夏の間に、わらびの葉が光合成して根茎に澱粉を蓄積している。その根茎を水にさらして搗いて、澱粉をとり出し、白くて上等な粉は唐傘の糊用に販売し、少し黒っぽい粉を根もちにして食べたという。わらびは、大事な基本食だった。

北海道へ、アイヌの食について聞きに伺ったときには、函館の北海道教育大学に畑井朝子教授、札幌で更科源蔵氏、知里真志保氏夫人の萩中美枝氏と、北海道開拓記念館を訪ね、アイヌの食文化の地域による特徴、自然観など、貴重な話をお聞きした（『アイヌの食事』では、萩中、畑井両氏には編

（上）写真2-8　オントゥレプの入ったサヨ（おかゆ）
（『アイヌの食事』より　撮影：中川潤）

（右）写真2-9　アイヌの大事な主食
おおうばゆりの澱粉とオントゥレプのいろいろ
（『アイヌの食事』より　撮影：中川潤）

集・執筆をしていただいた）。

企画調査のときに、畑井氏から、硬くて平らなだんご状のものをみせていただいた。それは、おおうばゆりの球根を水に入れて搗いて澱粉をとる過程でつくる、澱粉滓のだんご（オントゥレプ）だとのこと。おおうばゆりはアイヌの人びとにとって最も重要な食料で、乾燥保存しておいたオントゥレプは、削って水に入れてアク抜きし、臼で搗いてだんごに丸めてサヨ（おかゆ）に入れる。澱粉もかゆに入れたり、魚の「たたき」に加えて「つみれ」にしたりする。

わらびやおおうばゆりなどの貯蔵根、さらにはとち、しだみ（どんぐり）など木の実を、水にさらして澱粉や澱粉滓をとっていのちの糧とすること、それは雑穀文化よりさらに古くから続けられた食の営みで、雑穀、麦、いもの粉食・だんごに影響を与えているものではないか。日本列島の大事な基本食のベース、ぜひ記録していかねばならないと考えた。

写真2-11　ぞうしい（ぞうすい）
（『岡山の食事』より　撮影：千葉寛）

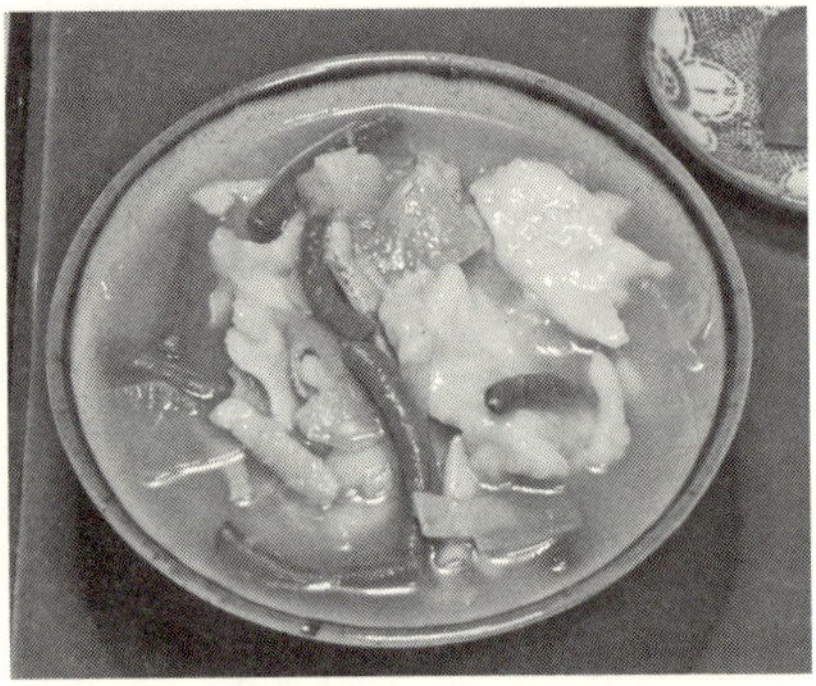

写真2-10　岩手県南のつみればっとう
（『岩手の食事』より　撮影：千葉寛）

一汁三菜じつは、一汁全体食が多い

「主食」とせずに「基本食」としたのには、地域の食を見ていると、日本型食生活の基本パターンとされる一汁三菜とか四菜とニュアンスの違う料理が多いこともあった。

例えば、岩手県各地で夕飯によく食べられる「ひっつみ」や「つみればっとう」。粉食の代表で、小麦粉を練って野菜汁に入れて食べるが、この汁には、大根、にんじん、ごぼう、じゃがいもなどが入っている。油揚げを入れることもある。ごくたまには、きじや鶏が入ることもあり、醤油や澄まして味つけすると、本当においしい（県央の食）。沢がにのとれる季節には、身を摺って小麦粉に混ぜ込んで「がにばっとう」にする（県南の食）。一椀の中に主食とともに副食がしっかり入っている。

ご飯ものでも前の項で紹介した「ばらずし」のように、基本食一品に山海の旬の恵みが入って主菜・副菜の役をしている料理が少なくない。

主婦たちは、とにかく忙しいなかでの食事づくりだ。少ないメニューに何かを加えて家族を喜ばせよう、体にいいものにしようという主食・副食一体の料理。そんな料理を基本食として大事に取り上げていこうという気持ちである。

「おやき」の一年——旬の幸を次々と包み込む

長野県の「おやき」も基本食だ。北信地方では、粉を練って中に小豆や野菜のあんを入れてまるめてつくるが、それには意味がある。

「『まる』をとって、まとめる、まるめるといって、おめでたい意味にもつなげ、家族や部落の生活の無事を祈ったり、神への感謝、また先祖へのごちそうにしたりしていた」(『長野の食事』西山の食　執筆：太田春子)

おやきをまるめる手には、主婦たちの願い、祈りの心が込められていた。それと、もう一面、主食源である小麦の節約のためであった。当地の小麦粉の食べ方には、「おとうじ」(そうめん)、うどん、「おぶっこ」などの麺と、「おつめり」「おやき」(写真2-12)などのすいとん・だんご類があった。

「毎日の主食としてさまざまな工夫をし、野菜をたっぷり、小麦粉の量はなるべく少なくして食いのばしをするのが、主婦のしんしょ持ちがよいとされている」(同上)

長野県生まれの私も、おやきは北信の観光名物と思っていたが、平成十八年(二〇〇六)に高山村の「食育のつどい」のとき考えさせられるものがあった。おやきの中身は冬の間は野沢菜漬とか切干し大根などが多いが、やがて雪解けとともに伸びてくるにら、のびる、菜の花など春の風味を包み込

写真2-12　四季おりおりの味を包み込むおやき
（『長野の食事』より　撮影：小倉隆人）

む。だから庭には必ずにらが植わっている。

夏が近づくとたまねぎ、やがて丸なすの季節がくる。丸なすを輪切りして横から切れ目を入れ、その間に味噌をはさみ、小麦粉で包んで焼く。丸なすは北信地方の伝統品種で、皮がやわらかく身がよくしまって食感がよく、味噌のしみ方も最高だ。

秋には大根、野沢菜とそのかぶ、きのこなど。大根は千切りにして蒸し、塩漬けしておいた大根葉を細かく切って混ぜる。これに畑で育てたごまを合わせる。

これも主食・副食一体料理だ。おやきを一年間つくることは、春夏秋冬の旬の幸と保存の味、地域品種の味を総結集して、楽しみながら「いのちの糧」基本食をつないでいくことであった。

主婦の手の内にある「いのちの糧」の全体像——基本食の利用のしくみと料理の手法

「基本食の加工と料理」の冒頭には、「基本食の成り立ちと料理の手法」のコーナーを設けた。その地域のご飯、粉食、もちといった食べ方について、食材の種類、手間のかけ方や加工法によって、どんな日常食・晴れ食があるか、つまり主婦たちの手の内にある「いのちの糧」の全体像を知るためだ。

岩手県央の例を表2-3に示す。

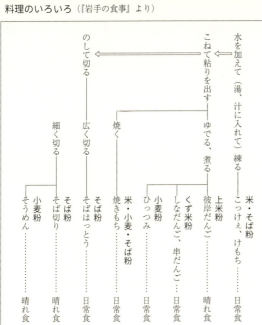

そのうえで、地域のおもな基本食の食材ごとに料理をとり上げる。岩手県北の場合は、ひえ、そば、小麦・大麦、あわ・きび・もろこし、大豆、小豆その他の豆類とかぼちゃなどの順、県央の場合は、米、小麦・大麦、そば・あわ・ひえ、大豆、その他豆類、いも・かぼちゃの順である。

表2-3　岩手県央「しとねもの」（粉食）の手数のかけ方と料理のいろいろ（『岩手の食事』より）

手数のかけ方			粉	料理	区分
水を加えて（湯、汁に入れて）練る			米・そば粉	こっけぇ、けもち	日常食
こねて粘りを出す	ゆでる、煮る		上米粉	彼岸だんご	晴れ食
こねて粘りを出す	ゆでる、煮る		くず米粉	しなだんご、串だんご	日常食
こねて粘りを出す	ゆでる、煮る		小麦粉	ひっつみ	日常食
こねて粘りを出す	焼く		米・小麦・そば粉	焼きもち	日常食
のして切る	広く切る		そば粉	そばはっとう	日常食
のして切る	細く切る		そば粉	そば切り	晴れ食
のして切る	細く切る		小麦粉	そうめん	晴れ食

各食材では必ず最初に「そば利用のしくみ」「小麦利用のしくみ」というように、利用法のいろいろとおもな料理名を掲げている。次ページ表2-4は岩手県北の小麦利用、121ページ表2-5は県央の米利用だ（県北のそば利用は一章49ページ）。

そばの茎葉、小麦のふすま、米のぬかや粃米（くず米）も主婦にとって大事な食資源であり、本当にむだなく活用している。しかも、ふすまは馬の飼料とするばかりでなく、水の中でもんで生ふをとり、干しふもつくって貴重なたんぱく質食料＝主菜とし、同時にできる澱粉は糊に

表2-4　岩手県北の小麦利用のしかた（『岩手の食事』より）

- うどん（めん類）
  - 小麦はっとう、釜あげうどん、冷やしうどん（送りばっとう）
- ひっつみ（すいとん）
  - ひっつみ（野菜汁、味噌汁）
  - 小豆ばっとう（ひっつみ入り小豆しるこ）
- もち、まんじゅう
  - 焼いたもの
    - 串なし――けえばもち（かま焼き、けえば焼き）
    - 串あり――でんがくもち（味噌もち、麦もち）
  - 蒸したもの
    - かしわもちなど
    - まんじゅう
- 油焼き
  - 油もち（練って三角の板状にし、油で焼いたもの）
- せんべい
  - 南部せんべい
- ふすま
  - 生ふ
  - 焼きふ
  - しょうふ（しぼったあとの汁を味噌汁に入れる。あるいは飼料とする）

したり味噌汁に入れる。米ぬかは飼料とするとともに、たくあんなど、その家の味覚を生み出している。

米のこうじ利用もその典型だが、基本食はその調製・加工を通じてじつにいろいろに姿を変えて多面的な価値を発揮し、食と暮らしを限りなく充実させていくものといえる。

一つひとつの料理に細やかな技と物語

「利用のしくみ」に続いておもな料理が紹介される。岩手県北の小麦料理では「ひっつみ」「へなか当て、おくりばっとう」「生ふの味噌漬」「焼きふの煮もの」「麦けえ」をとり上げている。

料理解説は今風の料理レシピではなく、分量は大づかみとして、おばあさんが語った手順を追い、料理のコツも「小麦粉は、耳たぶくらいのかたさにこね」といったように代々伝えられてきた言葉で書かれる。

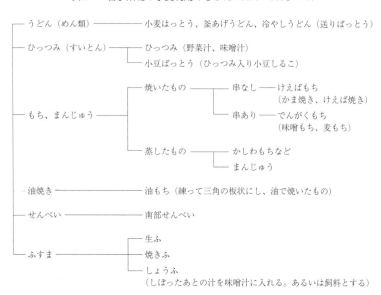

そして、料理する人、家族で食べる場面がいきいきと再現される。例えば、岩手県北の「生ふの味噌漬」では、ふをとる過程のあと、次のように続く。

「小麦の収穫期は六月なので、お盆の精進料理には必ずといってよいほど生ふが使われる。そのまま、からし醤油で食べるか、野菜といっしょに煮しめにすると、弾力のある歯ごたえが食欲をそそる。味噌漬にしてもおいしい。（中略）

処暑のころからはぎ刈りが始まるが、これは一冬の馬の飼料を確保する大切な仕事で、一日中はげ

表2-5　岩手県央の米利用のしかた

（『岩手の食事』より）

- 粒　食
  - かて飯
    - 大　根
    - じゃがいも
    - 干し葉
    - うるい
  - 麦　飯
    - 大　麦
    - 小　麦
  - 豆　飯
  - ひえ飯
    - 大　豆
  - ぞうすい
    - ひ　え
  - か　ゆ
  - ごはんもち
  - 炒り米
  - 白米飯
  - 赤　飯
- も　ち
  - 白もち
    - も　ち
    - 鏡もち
    - 寒ざらしもち
    - 干しもち
    - 炒りもち
    - 白酒
  - あわもち
    - も　ち
    - 寒ざらしもち
    - 干しもち
  - いももち
  - きらずもち
    - 干しもち
- 粉　食
  - 粃米粉
    - こっけえ
    - しなだんご
      - だんご汁
      - だんご
    - 焼きもち
  - 米　粉
    - 彼岸だんご
    - まゆこだんご
    - 地蔵だんご
    - かま焼き
    - きりせんしょ
  - 寒ざらしもち・干しもち粉
    - こっけえ
    - 串だんご
  - 水あめ
- こうじ
  - 味　噌
  - 醤　油
  - どぶろく
    - 酒
    - かす漬（野菜、魚）
  - 甘酒
- ぬ　か
  - 漬　物
    - こぬか漬（たくあん）
  - 飼　料（馬、牛）

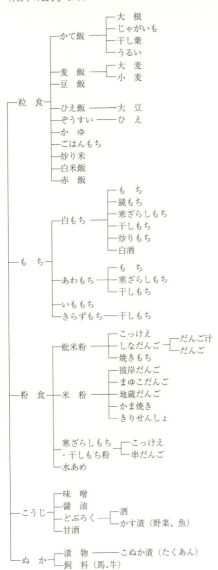

しく体を使わねばならない。生ふはそのときのおかずとして欠かせないもので、疲れが早くとれ、力が出て仕事がはかどるようにと、女たちは前々から心がけて生ふづくりをするのである」（県北の食　基本食の加工と料理　執筆：古沢典夫）

一つひとつの料理に、主婦たちが込めた細やかな技と地域の暮らしが物語となって浮かんでくる。

たくさんの料理アイテムをつくり、使いこなす――例えば、さつまいもの利用と料理

基本食としてのからいも（さつまいも）をみておこう。『熊本の食事』の「天草の食」から紹介する。地域の基本食の中心は麦飯で、これを補うのがからいもだった。

「からいもは、生のまま蒸してはだぐいとしてごはんの足しにするほか、白こっぱ、蒸しこっぱ、澱粉、ぎょうせんあめ（いもあめ）にと加工し、一年中利用する」（天草の食　基本食の加工と料理　執筆：豊永京子）

こっぱは、からいもの切干しのことで、乾いた寒風にあてて乾燥させた保存食だ。白こっぱは生の状態で輪切りにして穴をあけ、ちぼ（わらひも）に通し吊るして干す。粉にひいて使うことが多い。蒸しこっぱは、ちぼに通したあと大釜でゆでてから干すものだ。

ぎょうせんは蒸しこっぱのゆで汁を煮つめて黒い水あめのようにしたもので、貴重な甘味料となる。からいも澱粉はくずいもや小いもを利用し、すりおろして水にさらしてとる。

こうして生のいも、白こっぱ（粉）、蒸しこっぱ、澱粉、ぎょうせんと、たくさんのからいも素材が主婦の手元にあり、これらを組み合わせることによって、数々の料理をつくり出す（表2-6　写真2-13）。

例えば「ねんぼう」は、生いもと正月もちの組み合わせだ。

表2-6　熊本県天草のからいもの利用のしかた
（『熊本の食事』より）

- 生
  - ふかしいも
  - つき揚げ
  - ねんぼう
- 白こっぱ（生切干し）
  - 粉（いもの粉）
    - こっぱだご
    - ろくべえ
- 蒸しこっぱ（ゆで切干し）
  - そのまま焼く
  - こっぱもち
  - 練りこっぱ
- 澱粉
  - 澱粉汁
  - 澱粉だご汁
  - もちとり粉
- 煮汁
  - ぎょうせん
  - ぎょうせんあめ（いもあめ）

写真2-13　熊本県天草のからいも料理のいろいろ
上：(左から) こっぱだご、ろくべえ、こっぱもち、練りこっぱ
中：(左から) ねんぼう、ふかしいも、つき揚げ
下：(左から) 澱粉だご汁、澱粉汁（せん汁）
（『熊本の食事』より　撮影：千葉寛）

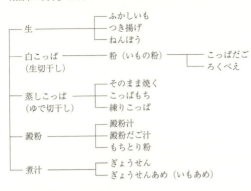

「からいもは皮をむいて乱切りにし、羽釜で炊く。いもが煮えたらもちを上にのせ、火をひいてしばらく蒸らす。もちがやわらかくなったら、すりこぎで搗き混ぜる。よく混じったら、手のひらぐらいに大きく丸めてきな粉をまぶす。

水につけておいたもちでつくると簡単にできるので、正月すぎから春の彼岸まで、つけもちのあるころのはだぐいによくつくり、茶おけ（茶うけ）とする」（同上）

「こっぱだご」は、白こっぱ粉を練って生いもを包み、蒸したまんじゅう風のもの。夏場の長い昼休みのお茶うけに、近所の人を呼んでいただく。「ろくべえ」は白こっぱを使ったおしきり、醤油のつゆでいただく。「こっぱもち」は蒸しこっぱともち米をそれぞれ搗いて、黒砂糖を加えて搗き混ぜもの。「澱粉だご汁」は、ふかしいもをつぶしたところへ、からいも澱粉を加えてこねて、ちぎって汁に入れる。

といったように、加工・保存によって年中食べられるようにさまざまなアイテムを用意し、組み合わせることによって折々の楽しみをつくり出していくのが、基本食だといえる。全都道府県の地域の基本食が出そろったら、すごい世界が広がるだろうという期待で、編集・刊行が進んだ。

6　旬の食材と保存物を生かす季節料理の楽しみ

畑、山、海川の恵みいっぱい「季節素材」

「基本食の加工と料理」に続いて「季節素材の利用法」のコーナーとなる。内容・分野は地域によって重点が変わるが、野菜・山菜・きのこ、海や川・池などの魚貝類、獣肉、果物・おやつ・飲みものなど。おもな分野には、利用のしくみの説明がついて、あと個々の料理をとり上げる。

『岩手の食事』に出てくる料理を、野菜・山菜については県央、山菜・きのこについては奥羽山系、海産物について三陸海岸で示すと次のようだ。

野菜・山菜料理──岩手県央（執筆：及川桂子）

野菜

・切干し大根の煮つけ　・切干し大根の炒め煮　・凍み大根の煮もの　・干し葉汁、かす汁　・ずぼぬき（里芋）　・芋の子汁（里芋）　・芋の子のくるみ醤油あえ

・いもがらのくるみあえ（いもがら＝里芋の茎）　・野菜やこんにゃくの豆腐あえ、くるみあえ

・ながいものきんとん

山菜

・みずとろろ（みず＝うわばみそう）　・うこぎのほろほろ（うこぎのほか、たらのき、さいかち、さんしょうの芽も）

山菜・きのこ料理——岩手　奥羽山系（執筆：雨宮長昭）

山菜

・ぜんまいのくるみあえ　・わらびのおひたし　・わらびの塩漬　・ばっけの酢味噌あえ（ばっけ＝ふきのとう）　・ふきの煮つけ　・うるいの煮つけ（おおばぎぼうし）

・うるいの油炒め　・うるいの味噌汁

きのこ

・まえだけの吸いもの（まえだけ＝まいたけ）　・まえだけの煮しめ　・ぶなめえあごとなすの煮つけ（ぶなめえあご＝とんびまえだけ）　・きくらげ

海産物料理——岩手　三陸沿岸（執筆：大森輝）

〈魚料理〉

さけ　•塩引き　•塩引きの頭と豆の煮つけ　•かす炊き　•はらこの醤油漬　•はらこのなます　•氷頭なます　•白っ子の味噌汁

たら　•刺身　•きくのすいもの（きく＝白っ子＝精巣）　•そぼろ　•味噌汁　•かす炊き（あらを使う）　•干しだら

するめ（するめいか）　•刺身　•ぽっぽ煮　•白っ子汁　•腑味噌（赤腑＝肝臓）　•口の煮つけ　•塩辛　•塩辛の大根おろし煮

いわし　•するみ　•塩焼き　•ぬた

かつお　•刺身　•ぼや節　•ぼや節ときゅうりの酢のもの

どんこ　•どんこ汁（輪切り、えら以外全部）　•さかさ焼き　•なます

さめ　•でんがく　•刺身

まんぼう（さめのみ）　•刺身　•ともあえ

〈うに、ほや、その他の料理〉

うに　•水かぜ　•貝焼き　•ざるあげ（塩辛うに）

•ほやの酢のもの　•毛がに

〈魚貝の内臓料理〉

•あわびのとしるの煮つけ（としる＝内臓）　•あわびのとしるとひもの切り込み（ひも＝靭帯）

・ほっちの塩焼き（ほっち＝もうかざめ・まぐろ・かつおなどの心臓）
・ぎっちょのぬた（ぎっちょ＝腸）
〈海草料理〉
・すっけーこの味噌漬（すっけーこ＝ちがいそ、えぞわかめ）・まつぼの酢のものと味噌汁（まつぼ＝まつも）・ふのりの味噌汁・めかぶとろろ・てんよのきな粉かけ（てんよ＝ところてん）
・ぞうがとしゅうり貝の煮つけ（ぞうが＝海草、しゅうり貝＝いがい）

保存ものがあって、季節料理ができる

右の料理名で網かけ文字のものは、加工・保存食、およびそれを使った料理で、その割合が大きい。いわゆる旬の、新鮮なものの料理はもっとたくさんあるが、自ら生産して食べる暮らしのなかで大事な料理をあげるとなると、こういうものになるだろう。忙しく働きながら、日々家族の腹を満たし、農繁期の共同作業の日のおかずもサッとつくらねばならない主婦にとって、加工・保存食材は欠かせないものだった。

前にも述べたが、岩手県央、紫波町の高橋チヨさんは、「田植えのごちそうにいちばんうまいのは、凍み大根にいもがら、干しにんじんを入れ、身欠きにしんで味を出した煮ものでがした」「いもがらやぜんまいのくるみあえや豆腐あえは、寄合いや法事に欠かせなかった」とよく語った。

凍み大根や干しにんじんは冬の寒さを利用してつくり、いもがらは秋に里芋の茎（葉柄）をとって乾燥しておく（写真2－14）。これら保存食が、海から届く身欠きにしんを迎えて煮ものとなり、また旬の山菜とともに春の季節料理となって食卓を飾る。農作業に忙しいなかでも、春には次の冬や田植え時期にむけて、ぜんまい・わらびなどの保存も忘れない。

写真2-14　岩手県央　田植えのごちそうに欠かせない「いもがらづくり」（『岩手の食事』より　撮影：千葉寛）

野菜をおいしく食べる「旬」は長い――京都すぐき菜の場合

野菜も山菜も魚も旬があり、旬だからおいしいのは確かである。いっぽう、「地域の食」を見ていると、旬＝おいしく食べる時間とはもっと長いものだと思えてくる。

長い歴史を通じて日本文化の中心地だった京都は、旬の野菜の豊かさ、おいしさを最高に楽しむ料理の発信地でもある。『京都の食事』の「京都近郊の食」のすぐき菜についてみてみよう（執筆：稲井豊子、協力：軽尾昌子、補筆：畑明美・岩城由子・川勝隆雄）。

すぐき菜といえば何といっても冬の「すぐき漬」だ。寒気でやわらかくなり甘味をましたすぐきと塩、乳酸菌の働きであの独自な味と香りが生まれる。農家それぞれの塩や重石の加減、室《むろ》での発酵温度管理などによる自

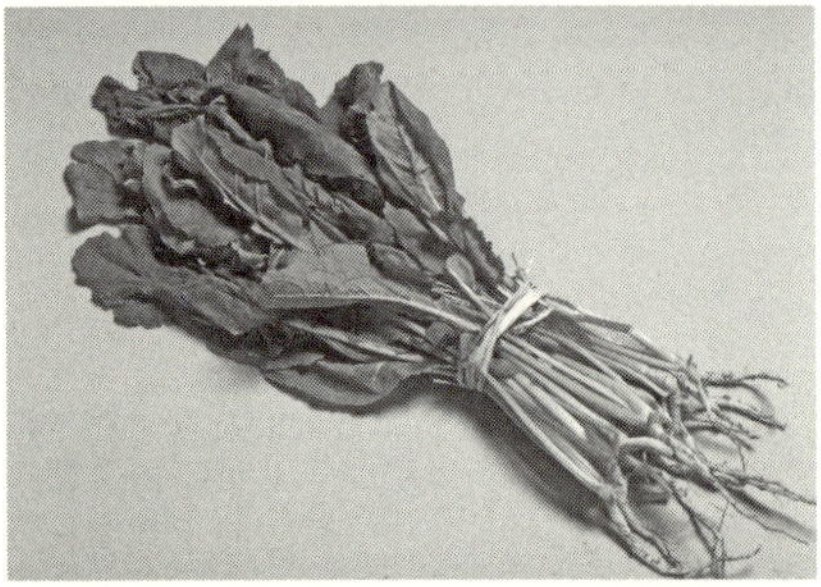

写真2-15　京都近郊　街の人びとが待っている
すぐきの間引き菜
（『京都の食事』より　撮影：千葉寛）

写真2-16　すぐき漬をつくるときに削る
「面この味噌あえ」
（『京都の食事』より　撮影：千葉寛）

慢の味を、街の人たちに届ける。

しかし、すぐき菜はその前、秋のうちから人びとの食卓の友だ。

「間引き菜はおしたし、煮もの、漬物と利用範囲が広い。夏からの青菜の不足を待ちわびて、すぐき菜がとれだすと、毎日でもしたしもの、煮ものに使う。（中略）まつたけのとれる時期とも重なり、まつたけとのあえものは最高の味である。祭りには、かしわのすき焼きのあしらいにも使う」（京都近郊の食　季節素材の利用法）

やがて三回目の間引きになると、大きく五寸ほどに育ってくるので、塩漬けして商いに持っていく。さらに、すぐき漬を漬ける冬限定の「面この味噌あえ」（写真2－16）もある。

「（漬けるために）すぐきのかぶを、面とりといって、包丁で表面をきれいに削る。面をきれいにした後で皮をむく。その皮を面こという。（中略）面こをきれいに水洗いして、すきとおる感じまでゆでる。味噌に砂糖を入れて甘味噌を用意しておく。ゆであがった面こをよく水切りし、甘味噌の中に入れてあえる。すぐき独特の味があり、自然の甘みとやわらかさがおいしい」（同上）

京野菜一つひとつが生きる「出合いもん」

京都には日本全国、諸外国から多くの野菜が流入した。そのなかで土地に適して栽培しやすく、人びとの好み・調理にあう野菜、さらには懐石料理や精進料理に適した品質のものが選ばれ改良されて、たくさんの個性的な京野菜が生まれ、それぞれの野菜の旬の持ち味を生かしていただく料理が発達した。

秋から冬の味覚、聖護院大根は油揚げとの炊き合わせ。「お揚げと炊くとおいしい。だしはだしじゃこで、薄い醤油味で炊きあげる。寒さに当たっている大根は、口の中でとろけるようにやわらかく、しかも甘みがあっておいしい。からだも温まり、とくに年寄りなどには喜ばれる」(同上)

この取り合わせのように飛びきり味の相性がよいもの同士が「出合いもん」だ。京菜(水菜と壬生菜)の出合いもんは、くじらのころ(鯨油を絞ったかすを干したもの)(写真2-17)。底冷えする冬の夜、水に戻したころの薄切りを薄味で炊き、ザク切りした京菜を入れてシャキッとした食感を楽しむ。

えび芋・里芋と棒だらで「いもぼう」、聖護院かぶと鯛、九条ねぎとお揚げ、山科なすと身欠きにしんといったように、個性ある京野菜のそれぞれに大豆食

写真2-17　京都近郊　冬の野菜の出合いもん料理　くじらと京菜の鍋
(『京都の食事』より　撮影：小倉隆人

写真2-18　福島県会津盆地のくじら汁
（『福島の食事』より　撮影：千葉寛）

品や全国から届く海の幸加工品などを組み合わせて素材双方の旨味を引き出して、食感・色あいも大事にいただく出合いもん。母から娘へと受け継がれてきた「京のおばんざい」の大切な知恵だ。

その味つけは薄味が基本。各地から届く昆布、煮干し、かつお節などでひく「出汁」があって、旬を最高に味わう野菜料理がある。京野菜が育んだ出合いもんや出汁文化は、全国の地域で素材をおいしく組み合わせて楽しむ季節料理の技につながっている。

購入食材との出合いで、地域食材が光る——塩くじらの季節料理の例

別の作品の取材で福島県会津の農家に伺ったとき、初夏のころで、じゃがいもの「くじら汁」をごちそうになった。京野菜の水菜との出合いもんのくじら（ころ）は脂を絞った残りだが、こちらは塩漬された脂身そのものの「塩くじら」。それが、とれたての新じゃがの味を引き立て、夏に汗して働く体に力をつける。

『福島の食事』「会津盆地の食」（執筆：佐瀬元子）では次のように書いている。

「くじらの脂身の塩漬けを小さく切って、季節の野菜のたくさん入った味噌汁に入れるだけの簡単なものである。年中食べられるが、新じゃがいもができ、長ねぎの新芽が伸びたころが一番おいしく食

べられる。夏は労働による疲労もあり、脂っこいくじら汁を食べて元気づける」(会津盆地の食　季節素材の利用法)

その後、食生活全集の企画調査で長崎県に行ったとき、くじらの話を聞いた。長崎県は江戸時代から明治中期にかけて捕鯨が盛んで、くじらを正月のごちそうにし、ふだんは「くじらと野菜の煮しめ」「湯かけくじらの酢味噌」などの料理をよく食べた(『長崎の食事』諫早・西東彼杵の食　執筆：井上寿子)。そのため、塩くじらを家々で保存したが、床下の土の中に埋めたという(どのように埋めたかは失念)。

長崎と福島会津が、くじらでつながったと思った。そして、食生活全集の第四九巻『日本の食生活事典I　素材編』をみると、くじら料理は九州各県と近畿、それから山口、島根、鳥取、石川、福島、山形、秋田、青森、北海道と日本海側に多く広がり、それぞれ地域食材と出合って、秋田では貝焼きにも使うなど、さまざまな郷土料理ができている。

かつて米や昆布、にしんなど北国の産物を運び、西国の物資や文化が北上して伝わっていった日本海航路。そのような交易・交流を通じて、地域の季節料理が充実していったといえないか。

今は輸入食料、購入食品の増大で地域産の利用が圧縮されていくのとは逆に、外からの購入食材が地域産物の価値をひき出し、自給を支えていくというあり方。「季節素材の利用法」を読む楽しみの一つが、そのような地域間ネットワーク＝出合いもんの地域料理だと思う。

写真2-19　岩手三陸沿岸　いか、あわびの保存食
左：するめ　中上：いかの口の干し物　下：いかの酢漬
右上から：塩辛、いかの塩漬、あわびのとしるの切込み
（『岩手の食事』より　撮影：千葉寛）

魚　副産物料理は地元だけのぜいたく

岩手県三陸沿岸の海産物料理（126ページ）をみると、加工・保存を生かした料理が目立つほか、頭も骨も靭帯も、卵も精巣も、肝臓や心臓、腸などの内臓も、いのちをむだなく食べる技がある。

秋の三陸の浜は、するめ干しでいっぱいになる。「夕方、するめ干しをした女たちは、その日に割ったするめの口や白っ子（精のう）をもらって帰る。白っ子は吸いものにし、口は干しておいて大豆や昆布といっしょに煮て、夕食のおかずにする。また、ちょっとあぶって子どものおやつにする」（三陸沿岸の食　四季の食生活）

「するめの白っ子は小さくて一寸ぐらいだから、四、五人の家族の場合、人数分の吸いものにするためには、少なくとも二〇〜三〇ぱいのするめがいる。それだけに、本当の五十集屋《いさばや》（漁家）でなくてはできない料理だ」（同　季節素材の利用法）

あわびのとしるの煮つけ、ほっちの塩焼き、ぎっちょのぬたなどなど、生産・加工に携わる人たちだけの楽しみだ。そんなぜいたく料理が、全国地域の「季節素材の利用法」に収録されている。

山にも海にも、季節感いっぱいの「たたき」「すりみ」料理

季節素材の料理例に、岩手県央の「みずとろろ」がある。みず（うわばみそう）は春夏の大事な山菜で、当然、山菜の宝庫、岩手奥羽山系でもよく料理する。みずとろろは、みずの根と茎の一部をすりこぎでたたいて細かくし、さらにすり鉢ですると、粘りが出てくる。味噌で味つけして熱いご飯にかけたり、味噌汁に入れたりして食べる。ご飯の友だ。

たたくので「みずたたき」ともいい、隣の山形県の山間にもある。『山形の食事』「県北最上地域の食」にはわらびたたき、みずたたき。そしてさらに、「かにたたき汁」、山うさぎの「たんぼ焼き」がある。聞き書きの舞台は真室川町。ここでは、春にはわらび・みずなどの山菜をまな板の上で包丁かすりこ木でたたき、夏から秋にはどじょう、もくずがに、冬にはうさぎ、きじ、やまどりなどを、骨や甲羅もいっしょに石の上でたたいてだんごにし、汁に入れたり焼いたりして

写真2-20　山形県北最上　（上）わらびたたき、（下）もくずがにのたたき汁
（『山形の食事』より　撮影：千葉寛）

写真2-21　千葉九十九里海岸　あじのたたきなます
（『千葉の食事』より　撮影：千葉寛）

食べる。粘りを出すために青大豆の打ち豆を加える料理も多い。

『千葉の食事』では、九十九里沿岸の「あじのたたきなます」（写真2-21）、房州海岸の「なめろう」があり、なめろうなどたたいた魚を焼いて食べるのが「さんがら」。夏にうれしい料理だ。

さらに、県内各地域には、その季節が待ち遠しいようなたたきが並ぶ。東京湾口の干潟の広がる富津市では春には「あさりのたたき味噌」、続いて「ばか貝のたたきさんが」、南総丘陵の長南町では初夏などに川で獲れる「かにたたき」、利根川下流域の栄町では冬にうれしい「ふなのたたき汁」、などなどだ。

『アイヌの食事』には、あかはら、かすべ、かわかじか、鮭、さめなどの魚、えぞ鹿、鳥類、熊など、たくさんのたたき料理がある。

「たたく」そして「すり鉢でする」。これは、季節の恵み、海山川のうれしい贈りものを最高に楽しんでいただく技といえる。その古くからの手法が日本列島に広がり、地域の個性ある食をつくっている。

そうした食の手法は日本列島共有の宝だ。そのような手法を集め、全国各地への広がりを知るのも、食生活全集の役割だ。第五〇巻は『日本の食事事典Ⅱ　つくり方・食べ方編』として、料理手法から引ける索引を設けている（160ページ参照）。

自然のうれしい贈りものはみんなでいただく

山形県真室川では、冬、村の鉄砲ぶち仲間十数人でうさぎ狩りをし、捕えた夜には、山小屋でどんぎり（ぶつぎり）にして焼いて、老若ともに酒を酌みかわした。そして、

「翌朝、意気揚々とうさぎを背負って下山し、今度は、いろりを囲んでどんぎり煮やたんぼ焼きを食べながら、女子どもも一緒になって、どんちゃん騒ぎをして冬の楽しいひとときをすごす」（県北最上の食　季節素材の利用法　執筆：柏倉愛子）

ふだん珍しい肉や魚など、貴重な自然からの贈りものは丸ごと利用して体にもよい料理で、仲間みんなで楽しむ。そんな習いが地域の食にあった。

『福岡の食事』「筑前中山間の食」「筑紫平野の食」には、いろいろな鶏料理が登場する。旧黒田藩は江戸時代に産物として卵を大阪方面に送って収入源にしていた。その名残りで、農家は庭先で鶏を飼い、産卵が減ったものから絞めて使う。料理は鶏飯《にわとりめし》、すき焼き、が

写真2-22　福岡筑前中山間　かしわのすき焼き　人寄せなどのごちそう
左：うどん／右の皿：かしわ、かつお菜、焼き豆腐、こんにゃく、しゅんぎく、たけのこ、ねぎ　（『福岡の食事』より　撮影：千葉寛）

め煮（筑前煮）、だぶ（162ページ参照）、煮しめ、おつゆ、雑煮、ちり（水炊き）など多彩だ。

　この地域のすき焼き肉は鶏で、筑前東部地方では、大きい客寄せの日には鶏を一羽、あるいは数羽しめて、もつ（内臓）もいっしょにすき焼きにする。

「まん中を丸くくって七輪が置けるような卓があり、座敷にござを敷いて、この卓を置き、七輪は高さを調節して置く。この上に平たいすき焼き用の鉄なべをのせ、卓には、先の鶏と野菜類を盛り合わせた大皿を一つずつと、醤油と砂糖と水さしを置く。人数が多い場合は、この卓を二つ三つ用意する」（筑前中山間の食　執筆：藤真喜子・丸本總子）

　大勢で囲んで肉や野菜を焼いて食べ、汁がたまったらうどんに吸わせて食べ、再び肉と野菜を焼くというふうに、鶏料理でなごやかな宴が続く。

「食生活全集」では、地域の食の中での会席料理も、大切に聞き書きして取り上げた。会席料理はおいしいごちそうというだけなく、その食材をもたらす地域自然、それを獲る名人や料理する人の仕事、集まる場の雰囲気、人びとのつながりが読みとれるように記述されている。

7　地域のおいしさを支える味覚

「伝承される味覚」とは

「日本の食生活全集」では、「季節素材の利用法」に続いて「伝承される味覚」を取り上げている。

ここで言う味覚とは、「北海道の秋の味覚」といったような、単品の食べものや料理のことではない。その地域の食生活を支えている味、いつまでも地域の記憶になって残るような味を生み出している食べもの群だ。

地域にとって重要な食べものである米、麦、大豆などの穀物・豆類、魚、野菜などを無駄なく利用する食品加工から生まれるものが多く、中心は地域独自な味や香りを生み出している発酵食品だ。今日の「調味料」に当たるものも多いが、単なる「味つけ素材」ではなく、それ自身が食材として、主婦たちの再加工・調理の手間が加えられて、食事がすすみ、栄養も豊かな大事な食べものになっているものが多い。

○穀物・豆類――味噌、醤油、醤油の実、ひしお、たまり・すましなど、これらの再加工・調理品
○魚など――すし漬、ぬか漬、魚醤、塩辛など、これらの再加工・調理品
○野菜・山菜――漬物のいろいろ、これらの再加工・調理品

以上のほか、忙しい主婦が「今日は一手間かけて」と、みんなが喜ぶ料理をつくろうというとき、あるいは祭りやさなぶりなどの晴れ食を最高に楽しんでもらうのに欠かせないものがある。地域ごと

にさまざまで、次のようなものがある。

○酢——柿・ゆず・ぶしゅかんなど各種の果実酢、穀物酢

○油脂類——えごま・ごま・くるみなど種実、なたね・えごま・つばきなどの油、獣脂など

○飲みもの——どぶろく、甘酒、泡盛、茶など、これらの再加工・調理品

○甘味、香辛料など——砂糖、水あめ、蜂蜜、塩、さんしょうなど

いま、調味素材は多国籍化、商品化しているが、とにかく身のまわりの素材に加工・調理の技を駆使してつくってきた地域の味覚を聞き書き、記録するコーナーである。

味噌が生み出す地域の味——麦味噌と焼き魚の「さつま」

前章で、岩手県北では大豆だけでこうじを使わない南部玉味噌、県央や県南では大豆に米を使う米こうじ味噌だったこと、そして、県北の人びとは塩気の玉味噌にじゅうね（えごま）やくるみをすり混ぜて、地域のおいしさ「くるみ味」を育ててきたことを紹介した。

このように味噌の材料と仕込み方は、地域によって個性があり、それを生かすところから、地域の味覚が生まれる。

西日本では、大麦にこうじの花を咲かせて、大豆を仕込んでつくる麦味噌が多くなる。愛媛県は四国山脈と瀬戸内海の間にあって、冬温暖で、麦が成熟する梅雨時に雨が少ない。そのために裸麦（六

条大麦）の産地で、味噌は裸麦の麦味噌だ。

この麦味噌と焼き魚をすり合わせてつくる地域料理が「さつま」（写真2-23）。宇和島方面が有名だが、県下各地でつくられる。魚を焼いてほぐしてすり鉢ですり、麦味噌を加えてすり合わせ、炭火であぶって香りを出し、頭と骨からとった出汁を加えて、さらにすり混ぜる。きざみねぎを薬味に、熱い麦飯にたっぷりとかけていただく（『愛媛の食事』宇和海・宇和島の食、肱川流域の食、石鎚山系の食、燧灘沿岸と魚島の食）。

写真2-23　麦味噌と焼き魚の味がとけ合う「さつま」
（『愛媛の食事』より　撮影：小倉隆人）

魚は、鯛が有名であるが、いとより、あじ、とらはぜ、たちうお、えそなどを季節や家々の好みで使う。とらはぜのさつまはさっぱりした味、えそだとコクが楽しめるという。肱川流域では干しあゆの「あいざつま」が一番で、いだ（うぐい）などでもつくる。

裸麦の麦味噌は、色が白っぽくて甘いのが特徴で、魚の焼き身ととけ合った味と口当たりは、何とも深く、濃厚でなめらか。体験したら忘れられない。なめ味噌・油味噌などは、「ひしお」「金山寺味噌」をはじめとして、さまざまなものが全国各地でつくられてきた。食生活全集の第五〇巻『日本の食事事典Ⅱ　つくり方・食べ方編』の索引をみると、一五〇もの名称があがっている。味噌に合わせるものは、野菜・山菜、魚介、肉、納豆、おから、などなど多岐にわたる。全国津々浦々で、味噌をベースに手元の素材を使ってご飯の友をつくり出す努力が生んだ宝ものだ。

魚の発酵食の偉大な力——野菜食を豊かに「こんかいわし」「いしり」

前章で述べたように、「日本の食生活全集」の企画当初、岩手県へ行き、奥羽山系の村で、かど（にしん）、はたはたのすし漬があると知った。その少しのち、福島県に伺ったときには、会津山間では、あゆ、はやなどの飯《い》ずしがあったと聞いた。滋賀琵琶湖のふなずしは有名で知っていたが、米の発酵力で魚を保存する腐れずし系が、これほど各地にあることは驚きで、魚の発酵食をていねいに聞き書き、記録しようと思った。

魚の発酵・保存も地域の味覚のみなもとだ。『石川の食事』から、「こんかいわし」「いしり」についてみてみよう。能登の海では春にたくさんのいわしが獲れる。そのいわしを米ぬかと塩で漬けるのが、こんかいわしだ。

こんかいわしは、ご飯のおかずになるだけでなく、旨味と塩味を生かして野菜とともに煮込んで酒粕を加えたなべ料理「べか」、「こんかいわしの大根なます」、けずり大根との「貝焼き」など、うれしい野菜料理をつくる。

格別な味わいのある魚醤油の「いしり（いしる）」は、能登の外浦では、こんかいわしを漬けるときなどに出る大量のいわしの内臓や頭を塩で漬けて発酵させてつくる。内浦では、いかの内臓と目玉を使う。

いしりは、ぶりやいかの刺身につければ最高。野菜を煮るのにも、浅漬のドレッシングにもよい。大根と身欠きにしんをいしりで漬ける「べん大根」「べん漬」は、焼いて食べるとさらにおいしい。いしりの貝焼きは、冬の昼食には大根や干し菜。夏にはなすやねぎ、ゆうがおなどとかつお（うるめいわしの煮干し）の貝焼きで、暑さのなか食欲がすすむ（能登山里〈徳成〉の食、能登外浦〈鵜入〉の食、能登内浦の食　執筆：守田良子、浜崎やよい、中谷治子）。

というふうに、魚の発酵・保存食は、季節の食材を次々と迎えて手早く料理しながらも、しっかり旨味を添える演出家として大きな役割をしてきた。名物となっているものも多いが、その土地で生きる人びとの食を支える大事な地域の味覚である。

写真2-24　石川能登外浦〈鵜入〉　こんかいわしの貝焼き、いわしのいしりを使ったべん漬
（『石川の食事』より　撮影：千葉寛）

写真2-25　岩手県央　冬から春にかけての漬物
（『岩手の食事』より　撮影：千葉寛）

表2-7　岩手県央　漬物の種類と食べる時期（『岩手の食事』より）

素材	漬物の種類	食べる時期			
		春	夏	秋	冬
山東菜	当座漬	○			
時無し大根（おもに葉）	当座漬	○	○		
高菜、ばしょうな	早漬、こうじ漬				○
	長漬	○			
	味噌漬		○	○	○
練馬大根	たくあん漬の早漬	○			○
	たくあん漬の長漬（1年保存）	○	○	○	
方領大根	浅漬、がっくら漬、さけ頭漬				○
	味噌漬	○	○	○	○
なす、きゅうり	当座漬、かっぱ漬		○		
	長漬（囲い漬）	○			○
にんじん、ごぼう	みのぼしなんばん				○
	味噌漬			○	
玉菜（キャベツ）	当座漬			○	
	長漬（囲い漬）	○			○
しろうり（つけうり）	かす漬	○		○	○
赤かぶ	早漬	○			○
	酢漬				○
しその葉、しその実	塩漬	○	○	○	○
梅	塩漬（しその葉とともに）	○	○	○	○
菊の花	塩漬	○			○
山菜（わらび、ふき）	塩漬	○	○	○	○
きのこ類	塩漬	○	○	○	○

主婦の技と思いでふえていく漬物

漬物については、「四季の食生活」のところでもふれた（105ページ）が、主婦がたくわえる漬物は材料と漬け方、食べる時期、ふだん用とごちそう用、ほかの料理との相性などが考慮されて、種類もふえ、わが家の味覚ができていく。

写真2-25は岩手県央の冬から春の漬物、表2-7は一年間の漬物の種類と量だ。

企画調査で話を聞いた紫波町の高橋チヨさんは、ふだん用のたくあん（早漬と長漬）のほかに、にんじんとともに、こうじや甘酒で漬ける「がっくら漬」をつくった。大根の白、にんじんの赤、しその実の塩漬の黒と色もきれいで、歯ざわりもよく、酸味と塩味とこうじの甘味が喜ばれる、ごちそうの大根漬だ。

高菜はふだん用は塩漬で一週間くらい食べられる早漬とし、お客用はこうじを使って重ね漬けする。二月頃には辛味もとれ、こうじの甘さがきいておいしい漬物になる。

にんじん・ごぼうも味噌漬にするほか、冬には手間をかけて「みのぼしなんばん」をつくった。にんじんとごぼうを、長さ二寸ほどの拍子切りにして、きざんだ青なんばんといっしょに夏に塩漬保存しておいたしその葉で巻く。色、風味がよく、おかゆや、ひっつみなどの「しとねもの」の食事に合ったと、チヨさんはうれしそうに振り返った。

ごちそうの味の決め手――皿鉢料理と「酢みかん」

「伝承される味覚」には以上の発酵食品のほか、「これがなくては」という決め手になるものが地域そ

写真2-26　上から時計回りに、すしのいろいろ、刺身、組みもの、そうめん
（『高知の食事』より　撮影：小倉隆人）

写真2-27　皿鉢料理の味にゆず・ぶしゅかん（写真）などの「酢みかん」が欠かせない
（『高知の食事』より　撮影：小倉隆人）

れぞれにある。

例えば高知県の皿鉢《さわち》料理は、婚礼、葬式、法事、神祭り、出生祝い、節句、結納、新築祝いなどで、大きな浅い皿いっぱいの料理から好きなものを好きにとって食べ、飲み、歌い、語りあって交流する、開放的な宴会だ。『高知の食事』「番長平野の食」（執筆：松崎淳子）にみてみよう。

「料理の基本は生（刺身）と組みもの（すし、あえもの、煮もの、羊かん、果物などを組み合わせた皿）で、どんなに小規模でもこの二つは用意する。これに、すし、そうめん、ぜんざいというふうに追加してふくらませていき……」（番長平野の食　皿鉢料理）

皿鉢料理は、田・畑・海の幸と料理の技を総動員して、大人にも子どもにもうれしい料理の数々を楽しむ。その料理にとって大切なものの一つが、酢。地域の人びとはゆず、ぶしゅかん、直七（田熊すだち）といった「酢みかん」を米酢よりも大事にし、すし、酢のもの、ぬたあえ、刺身などのごちそうに欠かせない。季節や実の熟度によって使い分けるほどだ。

「ゆずも青玉のころから、酢と皮のおろしを愛用する。青玉の酢はきつく、刺身、酢のもの向きである。玉も太り、酢の量が多くなったころが秋祭で、さばずしをはじめとする魚のすしに、ゆずの酢は欠かせない。ゆずがきいてすしがしゃきっとすれば、『柚の酢がきちゅう』と客は目を細めて喜ぶ」（同上　伝承される味覚）

皿鉢料理づくりには近所のおなごし（女衆）が手伝いに集まり、また、腕自慢の年寄りが様子を見にきてコツを伝授する。地域の食の伝承の場であり、酢のきかせ方も含めて、大切なものが伝わっていく。

今では最高の健康食——えごま・つばきなど手しぼり油

岩手県など東北から中部地方にかけて、主婦が手元に大事に保存し、一手間かけておいしくというときに使う味覚素材がじゅうね（えごま）やくるみなどだ。

じゅうねは、すってもちなどにつけたり、あえものにするほかに、油をしぼった話を、紫波町の高橋チヨさんが聞かせてくれた（昭和五十七年訪問）。

小さな種実をヤーギ（やげん）でつぶすか臼で搗いて、ざるに入れて蒸す。袋に入れて、家の柱に圧搾用の板を縄でしばりつけ、板に袋をはさみ、縄にさおをかけて石の重りでしめる。下にどんぶりをおいて、ぽとりぽとりと落ちる油を受けるというもの。

えごまは種実が二ミリくらいと小さく、莢から取り出して殻やごみと選別する作業は相当大変だ。それだけでも貴重だが、一升を一日しぼって、とれる油はわずかだったというから、ますます貴重品だ。食べるのは正月のにんじん・ごぼうなどの天ぷらと、ごくたまに油炒め。「香りがあり、今の油よりよっぽどおいしかった」という。台所の宝である。

同じころ企画調査で島根県の出雲・石見の日本海沿岸、丘陵、山間を訪ね、中国山脈を越えて、広島県の山間から瀬戸内海沿岸へと回わり、各地の古老や研究者から地域の食について伺った。そのとき、広島県の庄原市で、つばきやびわの実から油をしぼった話を伺った。

なたね油が入ってきたのは第二次大戦後で、やぶつばきは山にあるし、屋敷にも植えていた。つばき油は「かたち油」(かたし油)といい、香ばしくて本当にうまかったとのこと。

『高知の食事』「足摺海岸の食」には、つばき油が出ている。

「(やぶつばきの実を)さらによく干し、臼で砕き、せいろに入れて蒸しあげる。これをしゅろの毛を重ねたもので包み、寄せ木にかけて油をしぼる。(中略)油は、髪油や大工道具のさび止めにするが、揚げものに用いることは貴重すぎてもったいない。せいぜい祝いごとか法事などの料理をつくるときぐらいである」(「足摺海岸の食」伝承される味覚　執筆:中山進)

話題の食材を生んだ地域と技を見直す

えごま油もつばき油も、今の機械しぼりや抽出搾油と違い、効率は悪いが、種実のいのちの成分もいっしょに出てくる手しぼりだ。また、えごまは近年、油脂成分α-リノレイン酸の健康効果などが注目され、人気上昇中で価格もあがっている。

食の多国籍化・無国籍化と商品化のなか、飽食がもたらした生活習慣病への備えとして、昔の食べもの、自然に近い食べものが次々と再評価され、高価でも売れるのが今日だ。

それは大切な動きだと思う。が、昔は、山に畑に屋敷に多くの作物・植物を配置し、それら産物と時間を精一杯やりくりして手づくり加工し、ふだんの食と、みんなで楽しむごちそうに結集し、地域の味覚を育ててきた。

先にみた酢みかんも、えごま油・つばき油も、そういう営みから生まれたものだ。「日本の食生活全集」が、今注目される一つひとつの食べものの背景にある地域と主婦の営みを読みとり、現代に編んでいくデータベースとなればと思う。

8　食の個性を育んだ地域の原風景

食、自然、農業、漁業を一枚の図に

すでに述べたように、「日本の食生活全集」では、三五〇余の地域で、「岩手県北の食、自然、農業」「三陸沿岸の食、自然、漁業、農業」というように、食の特徴と地域の産物、環境、歴史を解説している。

聞き書きしたお宅の農地や屋敷、取りまく山海川などの立地と、そこから年間にどんな食べものを得ていたかを具体的に記録し、一枚の図にまとめている。これは、一章の冒頭で述べた食生活全集の課題「生産と生活が一体となった食」、あるいは「自然と人間の支え合いの関係から生まれる食」を捉えるうえで不可欠と考えたからだ。

いま、都道府県版の各地域の図をみると、それは食材群の供給源というだけでなく、それぞれの地域の原風景と見える。

図2-6（152～153ページ）は『岩手の食事』から奥羽山系、沢内村北部の農業と食べもの（執筆：雨宮長昭）。寒冷で米がよくとれないこの地では、水田で寒さに強いひえを栽培し、畑で雑穀・豆類の輪作

を組み、多彩な山の恵みを利用してきた。山には、家畜の飼料を得る共有採草地があり、共同で利用・保全することで、凶作のときの基本食になる根花（わらびの根）などが育った。

図2-7（154〜155ページ）は『佐賀の食事』から佐賀平野〈クリーク地帯〉の農業と食べもの（執筆：馬場春美）。平野はもともと、洪水と干ばつに悩まされてきた。それを江戸時代初期からの治水工事で、有数の水田地帯となり、米麦二毛作地帯に進展していった。集落には掘割（クリーク）がめぐらされ、人びとは保全と活用をしながら、多彩な魚貝を楽しむ食を育ててきた。

このような、自然の恵みと人びとの努力が一体となってできた地域の原風景と食生活が、全国地域で記録された。語ってくれた古老と、丹念に聞き書きしていただいた各県の編集委員、執筆者のみなさんの並々ならぬ努力のおかげだ。

家・屋敷には食のしかけがある

地域の原風景の図には必ず屋敷が入っており、そこには主婦の工夫としかけがある。『岩手の食事』の写真撮影で、昭和五十八年（一九八三）、沢内村北部の高橋ヒメさん（大正五年生まれ）宅に伺ったときのこと。図2-6のように家は茅葺きで、裏山をかかえ、近くに池があった。母屋に入ると土間で、右がかつて馬を飼ったところ、左が家族の住まいになっていた。土間の先（山側）が台所で、水溜めがあり裏山から引いた水が流れ込んでは外に流れ出ていた。溜めではトマトなどが

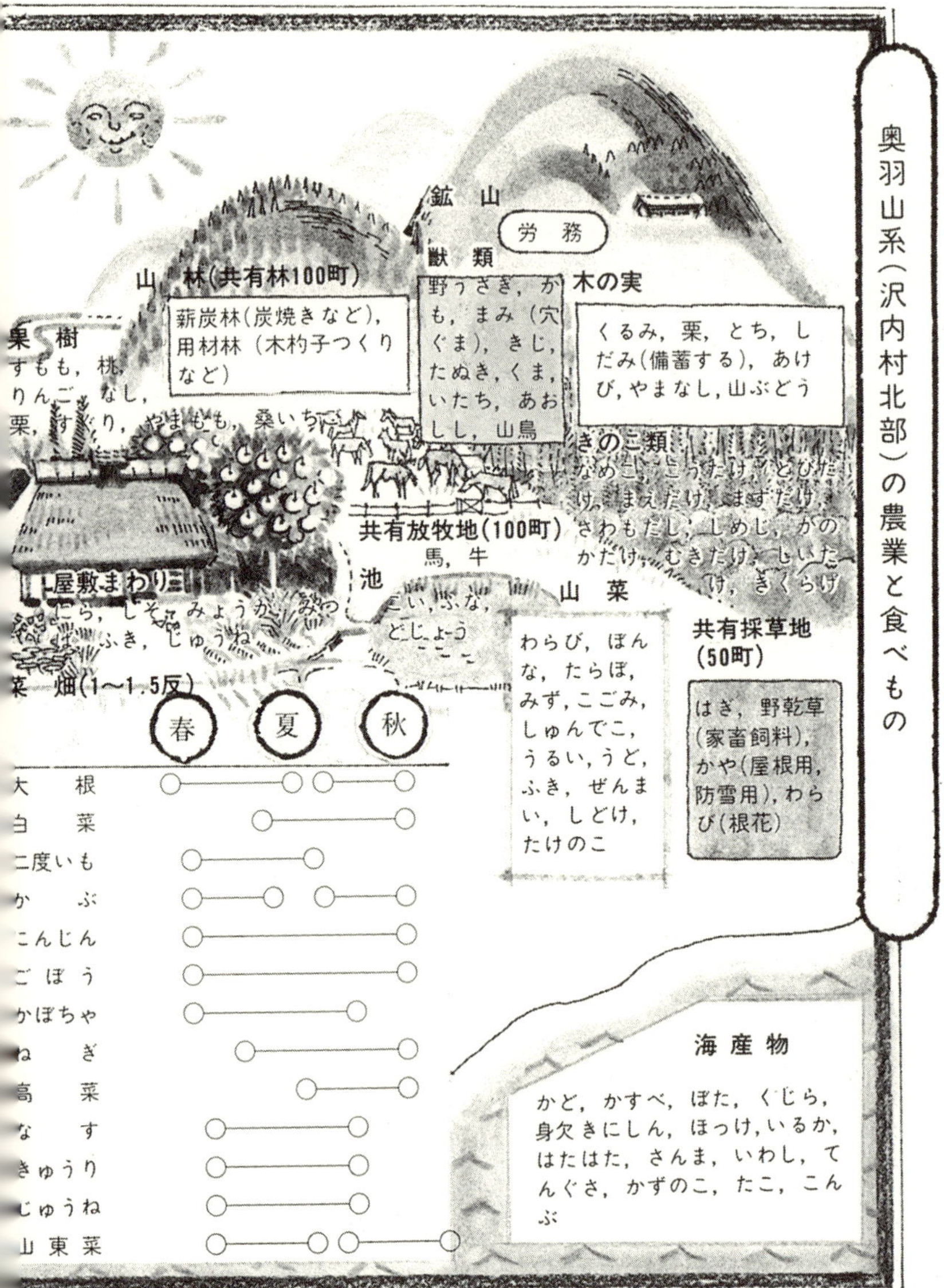

奥羽山系（沢内村北部）の農業と食べもの
鉱　山
労　務
獣　類
野うさぎ，かも，まみ（穴ぐま），きじ，たぬき，くま，いたち，あおしし，山鳥
山　林（共有林100町）
薪炭林（炭焼きなど），用材林（木杓子つくりなど）
木の実
くるみ，栗，とち，しだみ（備蓄する），あけび，やまなし，山ぶどう
果　樹
すもも，桃，りんご，なし，栗，すぐり，やまもも，桑いちご
きのこ類
なめこ，こうたけ，とびたけ，まえだけ，ますだけ，さわもだし，しめじ，かのかだけ，むきだけ，しいたけ，きくらげ
共有放牧地（100町）
馬，牛
池
こい，ふな，どじょう
屋敷まわり
にら，しそ，みょうが，みつば，ふき，じゅうね
山　菜
わらび，ぼんな，たらぼ，みず，こごみ，しゅんでこ，うるい，うど，ふき，ぜんまい，しどけ，たけのこ
共有採草地（50町）
はぎ，野乾草（家畜飼料），かや（屋根用，防雪用），わらび（根花）
菜　畑（1～1.5反）
春
夏
秋
大　根
白　菜
二度いも
か　ぶ
にんじん
ごぼう
かぼちゃ
ね　ぎ
高　菜
な　す
きゅうり
じゅうね
山東菜
海産物
かど，かすべ，ぼた，くじら，身欠きにしん，ほっけ，いるか，はたはた，さんま，いわし，てんぐさ，かずのこ，たこ，こんぶ

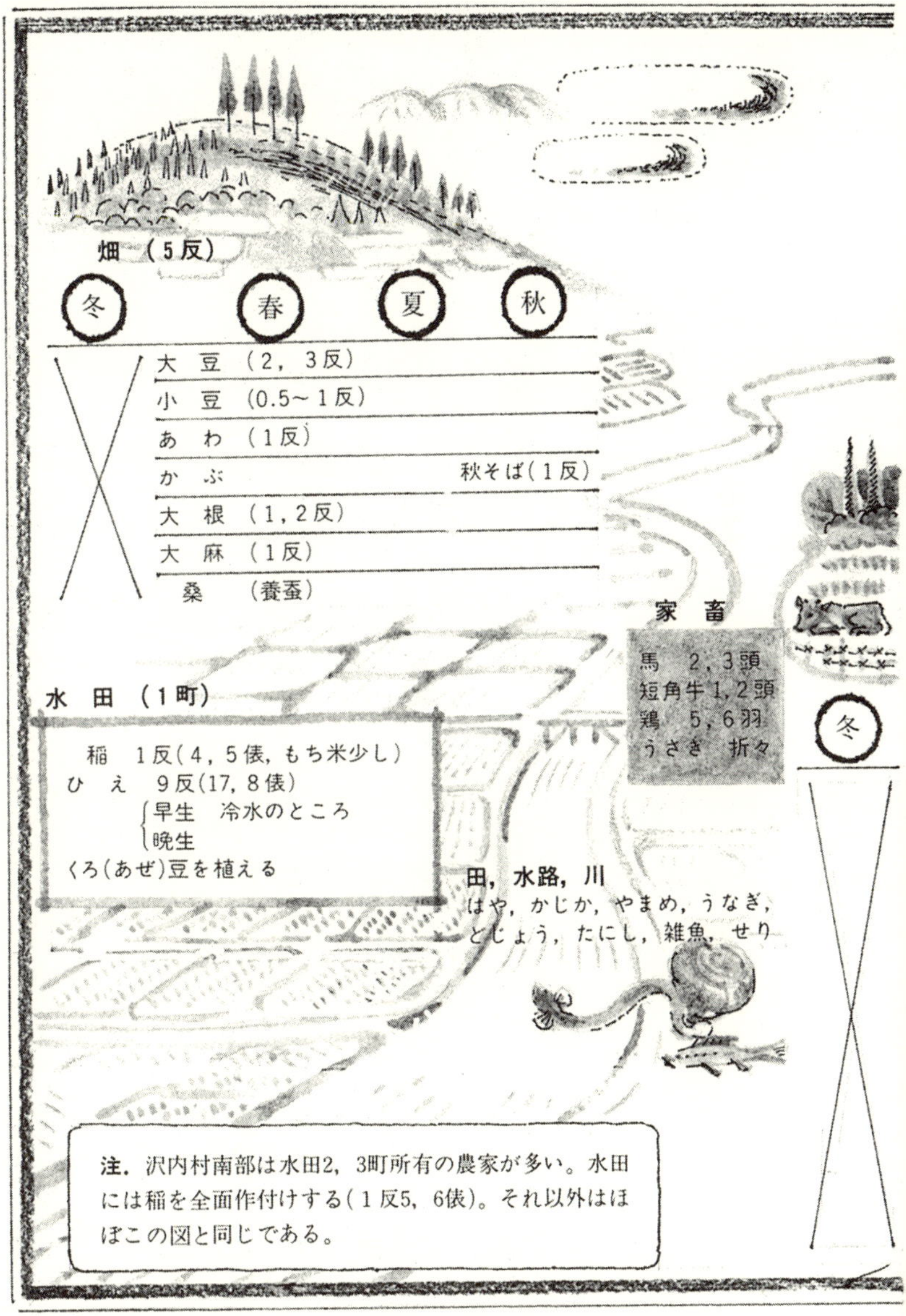

図2-6　岩手奥羽山系　沢内村北部の農業と食べもの（『岩手の食事』より）

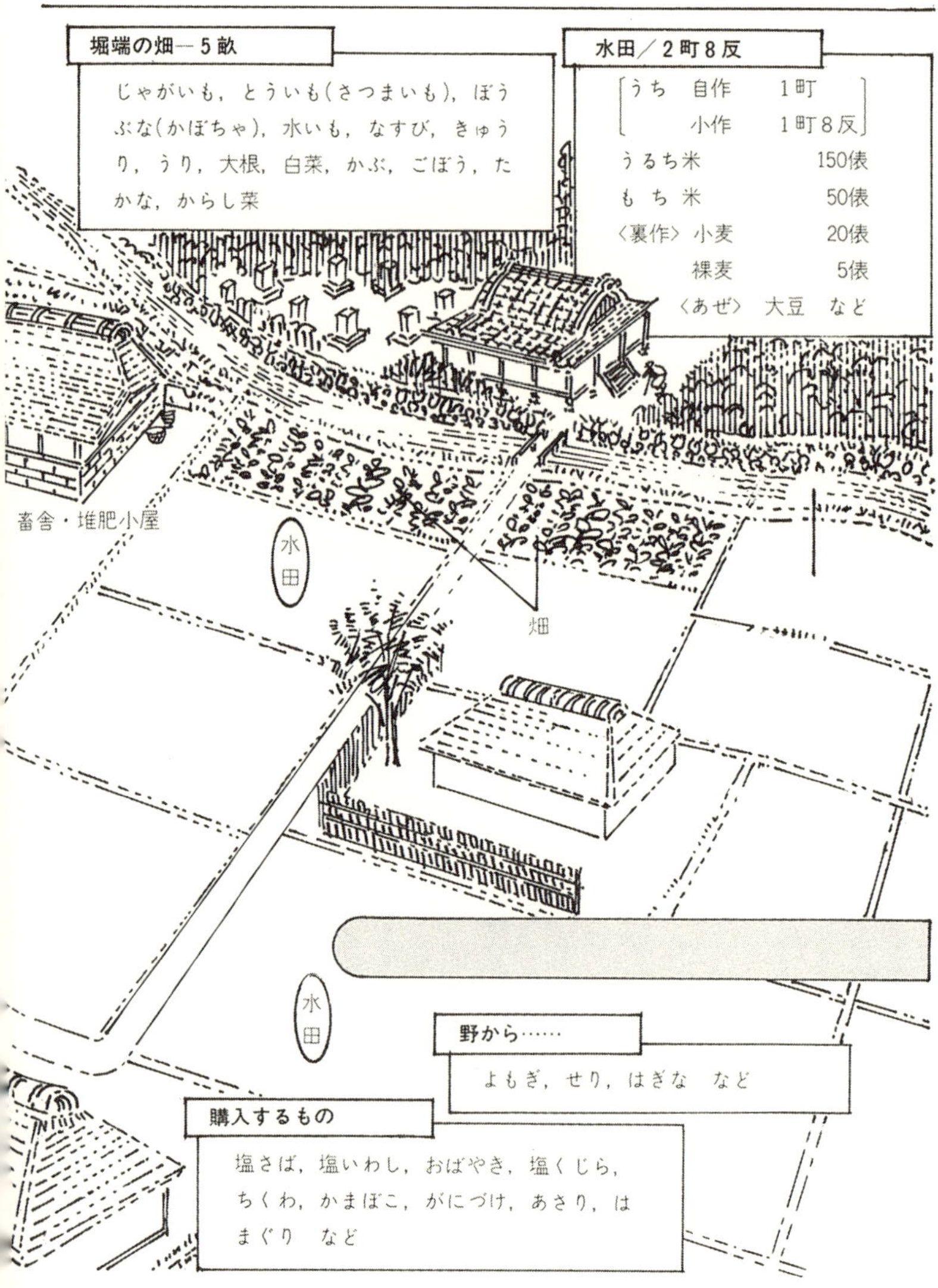

堀端の畑―5畝
じゃがいも，とういも(さつまいも)，ぼうぶな(かぼちゃ)，水いも，なすび，きゅうり，うり，大根，白菜，かぶ，ごぼう，たかな，からし菜
水田／2町8反
〔うち　自作　1町
　　　　小作　1町8反〕
うるち米　150俵
もち米　50俵
〈裏作〉小麦　20俵
裸麦　5俵
〈あぜ〉大豆　など
畜舎・堆肥小屋
水田
畑
水田
野から……
よもぎ，せり，はぎな　など
購入するもの
塩さば，塩いわし，おばやき，塩くじら，ちくわ，かまぼこ，がにづけ，あさり，はまぐり　など

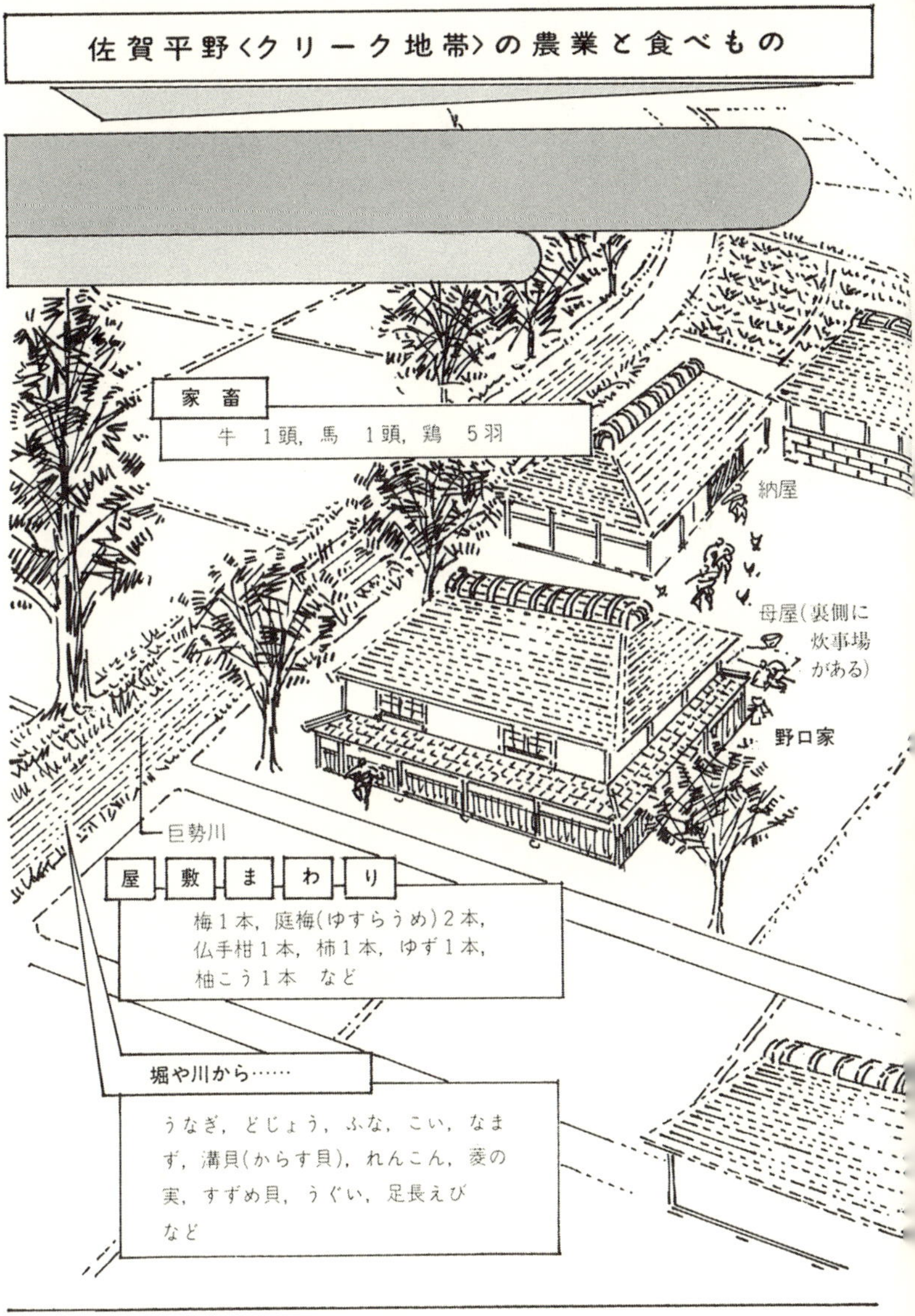

図2-7　佐賀平野＜クリーク地帯＞の農業と食べもの（『佐賀の食事』より）

冷やされ、その横が料理する板敷で、すぐ隣にこんろがあった。

板敷の天井には石臼を回す竿がかけてあり、今日は粉ものというときには竿を下げて石臼にセットする。準備ができたら隣で鍋にかけるというシステムキッチンだった。できた料理は、近くの座敷にある仏壇へ。こんなふうに、主婦の動き方と建物・道具との関係が、協力者の地元生活改善普及員の皆さんと感心しながら、明らかになっていった。

さらに、台所に寄り道した水は小さな池に流れ込んでいる。流しで洗いものした食べもの屑が入った水が池にいくと、魚が待っていて水をきれいにしてくれる。池で少し温まった水は田んぼでひえや稲を守り育てる。「一回限りの水利用でなく、水は回して使うもの」ということが、ヒメさんの話からよくわかった。

長い歴史を伝える食の昔話

以下の話は編集余話で、『岩手の食事』に掲載されていないが、地域の食、日本の食が、非常に長い歴史の中でつくられ、受け継がれてきたことがわかる物語だ。昔、孫や子に話し聞かせた様子、現風景が今でも心に浮かぶので、掲載させていただく。

○大黒さまのお年取り

年末になると、神々の年取りで感謝とお祝いの日が続く。110ページでみたように、岩手では、大黒さまの年取りには、まっか大根（二股大根）と大豆料理をあげるところが多い。沢内村の高橋ヒメさんは、「大黒さまの年取りには四八の豆料理を供えるようにいわれているが、そこまでは無理なので、『大黒さま、大黒さま、今年は一〇つくりましたので、これでがまんしてください』といってお供えした」と語ってくれた。

二股大根を供えることについて、同じく沢内村の古老、加藤善夫さん（昭和五十七年調査当時八〇歳）から、昔話を聞いた。

大黒さまはこの土地に昔から住み、人びとに親しまれていた。あるとき米の神さまが、大黒さまを招いて大好物のもちをたらふく食わせて殺そうと策略した。もちを食べるときには大根をいっしょに食べるとあたらない。米の神さまは、誰かが大黒さまに大根を与えないように、村の大根を

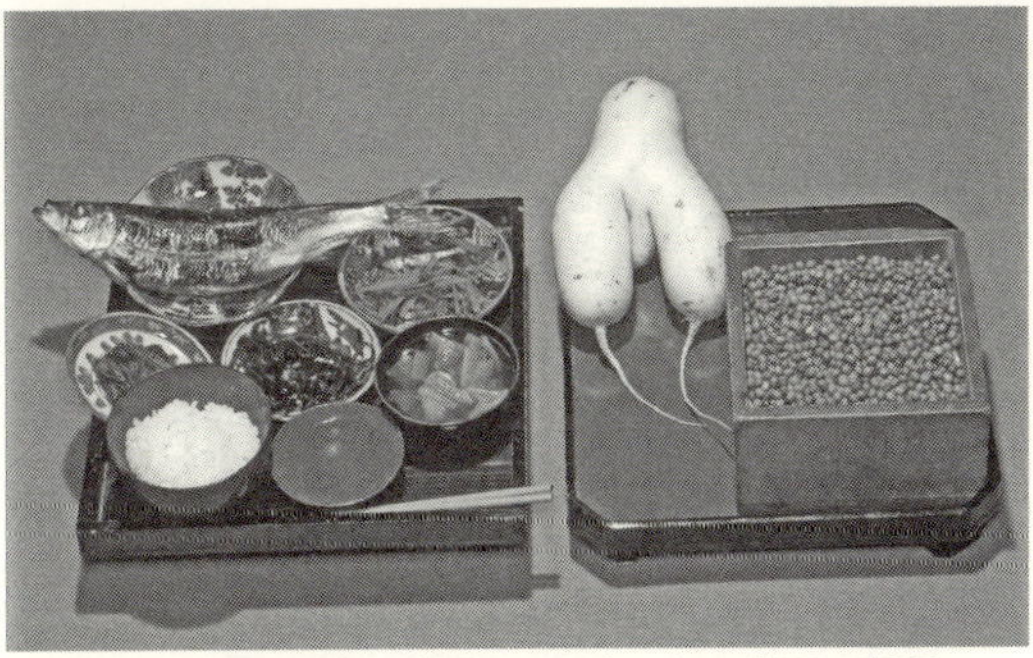

写真2-28　岩手県央　大黒さまの年とりに供える料理

右の膳：まっか大根と大豆　左の膳：（上から）焼き魚、田作りとごぼうの煮もの、おひたし、昆布と豆の煮もの、すまし汁、白飯と酒（『岩手の食事』より　撮影：千葉寛）

写真2-29　岩手奥羽山系　大黒さまに供える大豆料理

上：（左から）青豆のてんぷら、青豆の寒天、煮なます
中：（左から）大豆の炒り豆味噌からめ、さくらなます、納豆
下：（左から）黒豆、豆ごはん、打ち豆と大根の味噌汁
（『岩手の食事』より　撮影：千葉寛）

全部数えて、一本も大黒さまにやれないようにした。そのとき一人の村の女が知恵をめぐらし、二股大根の片方をかいて大黒様に食べさせた。これなら、数が足りないと気づかれることもなく、大黒さまは好物のもちをたくさん食べて、元気に帰ってきた。

この昔話は、土地によってバリエーションがあるようだが、稲作がだんだん広がっていった時代のこと、また、稲作文化が土地に定着し畑作文化と融合した農耕・食文化ができていく様子を語っているものか。研究者のどなたかが、二股大根は土中に木の根などが残る焼畑で多く出ると指摘していたものを読んだことがある。

いっぽう、米と大根、大豆の結びつきは、たいへんに強く、かぎりない食べ方がある。日本の食の大事な組合せで、健康を支えている。昔話はそのことを伝えるようでもある。

○カッコーになった子ども

次も沢内村で、古老の藤原春吉さん（調査当時八一歳）から聞いた昔話だ。

凶作年には、村の人たちみんなで、「根花掘りに行きましょう」と共有林野へ出かけたことは前に述べた（114ページ）。

よいわらび根は根花（澱粉）をたっぷりためており、上手な人はそれを掘って帰る。しかし、下手をすると澱粉の少ない根ばかりということもあり、そんなときは「から花掘った」と笑われ、悔しがったと藤原さん。それで、昔話というのは、昔、ある家の子どもが、うちに保存してあった根花でだんごをつくったのはいいが、みんな一人で食べてしまった。帰った母親が、「かか（母）の分は?」とただしたとき、子どもは「かか、こっけえ（粉食え）」と答えた。途端に、子どもはカッコーになって、いまでも、あの木の上で、カカ　コッケー、カカ　コッケーと鳴いている。

食の昔話はありがたいものだ。聞き書きして残すことも大事と感じたが、そこには至らなかった。

ウエペケレ――アイヌの口承文芸「食べものについての物語」

「日本の食生活全集」では、『アイヌの食事』で語り部・織田ステノさんによる口承文芸「食べものについての物語」を、織田さんの生い立ちとともに、掲載している。ウエペケレ二作で一〇〇ページを超える長編で、深く広い食べものについての考え方、人びとの生き方を教える物語だ。

ウエペケレ――アイヌの口承文芸――食べものについての物語（古原敏弘）

語り部・織田さんの生い立ち

静内《しずない》の歴史的状況―織田ステノさんの生きた時代

アイヌの風習を厳格に守って育つ―織田ステノさんの半生

ウエペケレⅠ　いもの神さまが人間にいもを授けた話

ウエペケレⅡ　豆の神さまが人間に豆を授けた話

9 〈索引巻〉今の課題・関心から全国を調べる

日本の食の列島横断ガイドブック

「日本の食生活全集」は、都道府県巻と『アイヌの食事』巻に続いて、索引巻『日本の食事事典』二巻を設けている。その内容は次のようだ。

◇第四九巻　日本の食事事典Ⅰ　素材編

本全集に登場する食素材、一〇〇〇種余り。日本列島各地でこれだけ多種目の動植物が食べられていたことがまずわかる。次にそれらがどのような料理になって食べられていたかが、さらに、それらがどの地域に分布していたかがわかる。

冒頭に調査地一覧があり、取り上げた見出しとともに見られる。

◇第五〇巻　日本の食事事典Ⅱ　つくり方・食べ方編

この巻は構成・内容は次のようになっている。

○つくり方・食べ方別食べもの事典

「煮る」「焼く」などのつくり方と「もち」「すし」などの食べ方の双方から調理法を柔軟にとらえ、

写真2-30　「日本の食事事典」素材編（右）、つくり方・食べ方編（左）

まず四八項目に分類。そのなかを「すし」なら「ちらしずし・混ぜずし」「押しずし・箱ずし・型抜きずし」「なれずし」というように調理法にわけ、それぞれにどんな食べものがあるか、どの地域にあるかがわかる。

○薬効のある素材と利用法事典

各巻に「薬効ある食べもの」のコーナーがあり、それを全国で引ける。

○人生の節目に食べる食べもの事典

各巻に「人の一生と食べもの」のコーナーがあり、それを全国で引ける。

○わかりにくい食べもの名の解説索引

○野菜の地方種・品種名索引

○「月報」寄稿一覧

各巻の挿し込み冊子「月報」にのったテーマと著者がわかる。

同じ料理がこんなにいろいろの名前で

―子どもが野菜好きになる「おくずかけ」「だぶ」「のっぺ」など

今の課題から、食べものを索引で調べる楽しみを、私の体験から一つ紹介したい。

農文協との縁で、各地の自治体で開く「食育のつどい」（78ページ）をお手伝いした。このイベントでは、現地で食の活動をしている方々に、地域の自慢の味や食育の取組みを紹介していただくステージがあったが、宮城県岩沼市での開催のとき、「おくずかけ」が登場した。

おくずかけは『宮城の食事』の「仙台市街地の食」（執筆：櫻井博子）に出てくるが、お盆や彼岸につくり、ずんだ（枝豆をすったもの）もちとともに仏さまにあげて、いただく。里芋、にんじん、ささげなど旬の野菜と油揚げ・きのこ・こんにゃくなどを煮て、くず粉（じゃがいも澱粉）でとろみをつけていただく料理。

野菜は細かく切り、とろみもあるので、子どもたちは嫌いなものでもいっしょに食べてしまい、野菜好きの子が育つ。ステージで紹介してくれたお母さんの「仏さまにも、子どもやお年寄りにもやさしい料理です」という話が印象的だった。

同じ年に福岡県古賀市の開催では、仲間が集まって楽しむ「食べごと」に欠かせない鶏料理のいろいろ（137ページ）を紹介していただき、そのなかで「だぶ」があった。

だぶは、おくずかけとほぼ同じ料理で、仏事以外の食べごとの日は鶏が入る。また同じ煮ものでも「煮しめ」は野菜のいいところを使ってきれいに切り揃えるが、こちらはその頭や尻尾を使い、むだなくいただく。

だぶ麩（花麩）できれいに仕上げ、さらに、だぶ専用の浅い「だぶ椀」があり、何回でもおかわり

写真2-30　（左）宮城県岩沼市のおくずかけ、（右）福岡県古賀市のだぶ　（撮影：倉持正実）

自由で、長い宴を楽しむという。だぶは『福岡の食事』「筑前中山間の食」（執筆：藤真基子、丸本總子）で取り上げられている。

翌々年の高知県南国市の開催では、十一保育園で子どもたちが食生活改善推進員さんと料理体験するメニューに「のっぺ汁」があり、やはり根菜が好きになる料理の一つに位置づけられていた（三章参照）。

信仰や地域色があわさってバラエティ豊かに

仏さまにも子どもやお年寄りにもやさしく、また宴会にも欠かせない「のっぺ」「のっぺい」「ぬっぺ」「ぬっぺい」「おくずかけ」「だぶ」など、似たものが全国どこにあるだろうか。

それを『日本の食事事典Ⅰ　素材編』で「かたくり」「くず」などで引き、『Ⅱ　食べ方・つくり方編』では「汁もの・なべもの」の中の「のっぺい汁」「くずひき汁」などで引いてみる。全国各地に同じ名前があるうえに、中身のバリエーションもいろいろだ。

長崎にはぬっぺい汁のほかにポルトガル語由来という「ヒカド」がある。塩魚のさいの目切りが入り、とろみはさつまいものすりおろしでつける（『長崎の食事』諫早・西東彼杵の食　執筆：井上寿子）。同じような料理でも、地域色で豊かになる。
栃木の真宗本願寺系のお寺の報恩講では、煮しめの残り野菜と煮汁を使った「くずまわし」がある。これには野菜やこんにゃくなどのほか、親鸞聖人が大好物だったと伝えられる小豆のゆでたものが入る（『栃木の食事』那須野ヶ原開拓の食　執筆：高島操）。仏教の講は、前にみた神々の年取りと同じように、地域の食を育て伝える場だったようだ。

このように、日本列島縦断読み比べはおもしろい。「日本の食生活全集」がとらえた地域の食は古老のみなさんの語りでまとめたが、さらにそれ以前、原始・古代から日本列島のすみずみで、土地の生活文化を育てて暮らしてきたすべての人たちが、現代に贈る財産だと思う。読者の皆さんの探求テーマ、食の課題から、食事事典二冊を活用していただきたいと願っている。

第三章

和食を伝え継ぐということ

――「地域の食」を未来へ

1　いま全国で、食の再発見と伝承、交流の動き

先人からの贈りものをどう生かすか

「日本の食生活全集」に記録されたことは、この日本列島に暮らしてきたすべての人びとから現代に贈られた財産、宝もの、と前章の終わりに述べた。

その財産をどう本当の宝ものとして私たちは生かしていけるのか。一章で述べたように、食生活全集を発行した（社）農山漁村文化協会（現在は一般社団法人）の問題意識は、生産者・消費者が本当に自立していく途は、「生産と生活の一体」のあり方、それによる「自然と人間の生かし生かされる関係」をつくっていくことであり、食が「一体」「関係」の要になる。その食とは土地の風土と歴史のもとで、人びとが地域資源を最大に生かしてつくりあげてきた「地域の食」である、というものだ。この問題意識から、全国の古老（話者）、編集委員・著者、協力者の皆さんの賛同と多大な支援をいただいて、三五〇地域の食文化を聞き書きし記録することができた。

経済成長、国際化、商品化の進んだ現代に、「生産と生活の一体」「自然と人間の生かし生かされる関係」をどう回復し、つくっていくか。

「地域の食」の掘り起こし、その多面的効果

いま「地域の食」の掘り起こしと、世代を超えた交流と伝承、食育の取組みが進んでいる。そこでは、「郷土料理はおいしい」「なつかしい」とか、「旬の味」「安全・安心」「健康的な食習慣」など食の見直しという直接的な効果に加えて、地域の自然や農業・漁業の豊かさとの出会い、食を通じての人とのふれあい、食べる力、すなわち子どもたちの「食の自立」と楽しみの共有、さらには食べものを生む環境の保全・再生など、じつに多面的効果が発揮され、活動が起こっている。

食育に取り組む人びとからは、本当の国際理解は自分が暮らす地域の良さを語れること、それによりお互いの地域の良さをわかりあえることが基本だという話をしばしば聞く。海外文化の理解やあこがれ・崇拝、語学力だけでは、国際交流はできないということだろう。

一章では地域の自然と農の恵みをいっぱい集めてつくり、みんなで楽しみもてなす地域料理がふるさとの誇りだとする山形県真室川町の小学校六年生の学習を紹介した。「地域の食」を継承し、世代を超えて楽しみあうことは、地域アイデンティティにもつながっていくということだろう。

そのような動きが全国で起こっている。私がこれまで出会った事例を、おもに、平成十七〜十九年度（二〇〇五〜七）に市町村で開催された「食育のつどい」（十七、十八年は「NHK健康フェア〜食育と健康のつどい」、十九年は「地域に根ざした食育のつどい」として開催）から紹介させていただ

く。真室川町の上記の小学生の学習も、そのイベントで紹介されたものである。

「食育のつどい」は、農水省「にっぽん食育推進事業」の一環で、地元自治体と農文協、ＮＨＫエデュケーショナルの共催で行なわれた。つどいのステージイベントでは、地域の自慢の味と食育の取組みを、活動している皆さんに出演・報告していただいたが、そのための現地調査を農文協スタッフの一員として担当した。

三年間の開催自治体のすべてで、「地域の食」という宝を掘り起こして伝え、さらに現代の環境と課題に沿ってアレンジして共有していることがわかる、ステージ報告と会場展示が行なわれて、じつに活気のある食イベントだった。

多様な人と組織が参加した「食育のつどい」

「食育のつどい」は地元自治体が中心となり、役所の農林水産部門、保健福祉部門、教育委員会、学校などが連携し、地元農業改良普及所や地方農政局の協力のもと、日ごろから子どもたちの農漁業体験、食体験と食育に努力している団体やボランティアが一堂に集まって開催された。

生産に関わる農協、漁協などと生産者グループ、地域食材の料理普及や直売所・レストランなどに取り組む農協女性部・漁協女性部など女性グループ、食による健康づくりを進めている食生活改善推進協議会のヘルスメイト（食改さん）のグループなどが結集。農業高校、高校生活科、料理学校、さらには、食と健康、資源活用などさまざまな角度から地域と連携して研究している地元大学が参加することもあった。

地方自治体だからできる農水系、厚労系、教育系の横の連携であり、共通の目標に向かってそれぞれが力を発揮し、交流による教えあい・学びあいが生まれる。

テーマが食であり、「地域の食」の伝承には上記のような多面的な課題に応える効果があるから、地域をあげての連携が可能であり、やりがいも大きいと思う。

ライフスタイルから変える静かなたたかい

本章のタイトルに「和食を伝え継ぐ」という言葉を使っている。「和食」とはこれまで述べてきた「地域の食」のことであり、「伝え継ぐ」というのは、農林漁家や消費者が日常の生活・生産のなかで世代をつないでいく、静かな変革だと考える。

日本における「生活と生産の一体」「自然と人間の生かし生かされる関係」、それを通じての「地域における人と人のむすびつき」は、どんどん崩れてきた。一章で述べたように、昭和二十九年（一九五四）のアメリカのMSA小麦輸入に始まり、高度成長期以後の経済最優先のもとで、地域の「基本食」「季節素材」「伝承される味覚」とその生産基盤が縮小し、農産物輸入（穀物メジャー、巨大食品企業などによる加工食品を含む）が拡大してきた。

このような経過のなかで国民が選んだ、ないしは選ばされたライフスタイルとして、現代の日本の食卓がある。だから、「伝え継ぐ」というのは、日本の私たちのライフスタイルをどう変えていくかという静かな運動である。長い時間もかかると思う。

しかし、戦後七十年、東日本大震災と同時に、東京電力福島第一原発事故というあってはならない大惨事を経験している日本は、いま一度「自然と人間が生かし生かされる関係」が息づく個性的な地域づくりを大事にする社会の仕組みにつくりかえること、そのためのライフスタイルが求められているのではないか。

農文協はもともと農業関係の出版を主としてきたが、「日本の食生活全集」の発行が進む一九八〇年代から、農・食・医・想の四つの分野に広げた。医は健康・医療、想は教育である。これら四分野は、経済効率や競争原理・営利原則のみで動かしてはならない、人間の基本的な営みであるという考え方のもとで出版を続けている。

今、「食育につどい」にみられるように、「地域の食」の伝承と食育は、農・食・医・想の四分野の人びとが協働して取り組んでいる。効率・競争・営利原則を超える新しいライフスタイルづくりは、地域・地方から始まると思う。

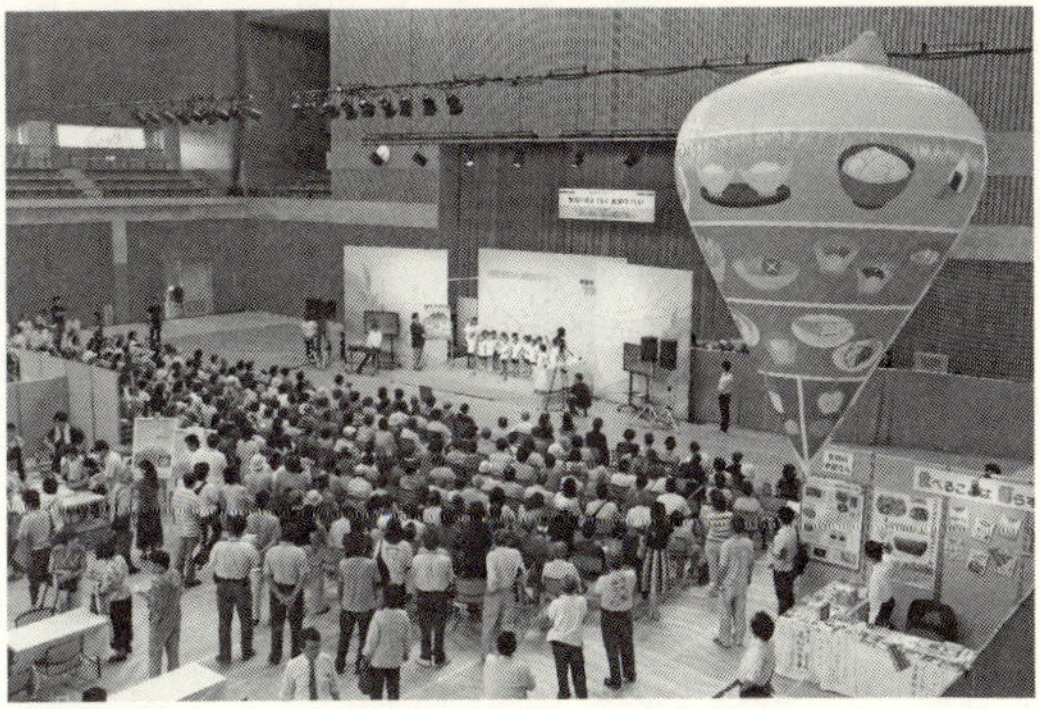

写真3-1　たくさんの参加者でにぎわった南国市「食育のつどい」　ステージ発表の様子（平成19年、撮影：倉持正実）

2　食文化は教育財産、市内に食育ネットワーク　――高知県南国市

平成十九年（二〇〇七）六月二十三日、「南国市『食育フェア』～南国の味をつなぐ食育のつどい」が行なわれた。当日は学校・保育園、食にかかわる団体と生産者グループ、行政などが取組みを展示・発表し、交流しあい、四〇〇〇人もの参加者でにぎわった。

この「食育のつどい」でのステージ発表とフロア展示を中心に、南国市の食育の展開について、農文協『食育活動』第七号（平成十九年九月）にまとめた。その記事を要約・補足するかたちで紹介したい。

(1)「食育のつどい」にみる「地域の食」の力

食育のまちづくり宣言

高知県南国市は平成十一年度（一九九九）から「食育を学校教育の中核に据える」という方針のもと取組みを展開し、十七年に「食育のまちづくり宣言」を行なった。食育の理念を「知育・徳育・体育の中心に食育を置くことで、知・徳・体の調和のとれた子どもたちの育成をねらいとしています。南国市ならではの食文化、それを支える風土や生産に関わる人びととの姿はかけがえのない教育財産であり、地域ならではの子どもたちを育てる力があるはずです。『南国市の食育』は、生命の源である食をめぐる教育財産を、積極的に生かしていこうとする取組みです」と謳っている。

多彩な食文化と学びあい、教えあい

南国市は北から南へ二三㎞と細長い地形に山―里（平地）―海の多彩な自然・風土がつながり、それぞれに宝の食材と、それを活かす食の営みがある。

この地域性豊かな食材、食文化が南国市の貴重な教育財産であり、これらがさまざまな形で学校給食を中心とした食育の取組みに結集している。

そして何よりの教育財産は、地域間・世代間をつなぐ伝えあい・学びあいがあること。山の母ちゃんから里の母ちゃんが学び（その逆もあり）、山・里の母ちゃんから農高生が学び、農高生から小中学生が学び、子どもの食の変化から若い親が学ぶ、というように、いわば「南国の食育ネットワーク」が生み出され充実し、交流が広がっていることだ。

写真3-2　南国市「食育のつどい」フロア展示

食の伝承と食育の活動をする多くのグループや団体が活動を紹介し、交流・体験・試食で大盛況（撮影：倉持正実）

棚田を守るための米飯給食からスタート

南国市の食育は、平成九年度（一九九七）、棚田米の学校給食への活用から始まった。それは中山間地域の稲作の持続と環境保全という願いをこめての取組みであったが、さまざまな困難を越えて実現した地元産米学校給食は、クラスの教室ごとに電気釜をおいて炊きたてのご飯を食べるなど、子どもたちに魅力的な給食となった。

加えて学校給食米生産者との交流・稲作体験（写真3-3）、野菜など地元食材の給食利用、学校菜園で自ら育てて料理して食べる食農教育の取組みが重なり、「教育力豊かな食育」へと発展している。

山の母ちゃんの伝承料理が若い世代の宝に

南国市の各地で、たくさんの農家女性グループや食生活改善推進協議会のヘルスメイト（通称「食改さん」）が子どもたちに食文化を伝える活動をしている。そのなかで山の母ちゃんたちの「白百合グループ」は、棚田地域の食材を活かした料理・加工品の開発を続け、農家レストラン「しらゆり亭」を開設。また、小学校や高知農業高校に出かけて郷土食の伝承を続

写真3-3　学校給食米生産地帯にある子どもたちの稲つくり体験田（撮影：倉持正実）

写真3-4　白百合グループの伝承料理「田舎ずし」
手前から右回りに、りゅうきゅう、みょうが、四方竹、こんにゃく、しいたけのすしと手づくりようかん（撮影：倉持正実）

けている。

白百合グループの得意料理に、この地域の皿鉢料理に必ず入る「田舎ずし」がある。これは、棚田まわりに半自生するりゅうきゅう（茎とり用の里芋）、こんにゃく、みょうが、しいたけ、名産四方竹《しほうちく》と、山の恵みのオンパレードである（写真3-4）。そして、これら山の幸一つひとつに、母ちゃんたちの料理の技が注がれる。例えばりゅうきゅうには、きれいな色と独特な食感と味を出す技がある。評判のすし飯は棚田でつくる黄金錦（寒さに強く、米はサッパリした味）を使い、すし酢への「柚の酢」の混ぜ加減でおいしさをつくる。

学校で田舎ずしを体験した小学生が、「家でもつくってご先祖様に供えて家族で楽しんだ」という話があり、高知農高生活総合科の女子生徒から「田舎ずしのレシピは、お嫁に行くときの大切な財産にします」とお礼の電話があるなど、お母さんたちが伝える食文化の教育力はじつに大きい。

海の父ちゃんが贈る「伝承される味覚」

「地域の食」を支え伝える味覚。それが南国市に息づき、受け継がれている。「伝承される味覚」の一つに、海の父ちゃんたちによる「いりの汁（いり汁）」がある。

南国市南西部にある十市《とおち》漁業協同組合のおもな産物はしらすで、生のどろめのほか、ちりめんに加工する。しらすをちりめん業者に卸すほか、自分たちも伝統的なゆで方で釜揚げちりめんをつくる。その釜揚げのゆで汁が「いりの汁」だ（写真3-5）。春のしらすは脂が乗っているから、いりの汁もうっすら黄色味を帯びて出汁がよく効く。これを煮ものや味噌汁、うどんつゆなどの出汁に使う。とくに採れたてのたけのこを煮るとじつにおいしく、かつてはたけのこの季節になると山の村々まで、いりの汁が自転車で運ばれていった。

「食育のつどい」では、ちりめんの釜揚げの実演、試食が行なわれ、来場者はいりの汁のおつゆも味わった。今では、忘れられていた味である。

ところが、「食育のつどい」のステージに登場した十市保育園の園児は、裏山から自分たちで掘ってきたたけのこをいりの汁で煮て、最高の味に触れていた。漁協組合員宅の園児のおばあさんが保育園にもってきてくれたのだという。

十市保育園は、食べることを大事にして、菜園でいろいろな野菜を育て、食改さんといっしょに料理する活動をしており、保育園で野菜嫌いが減るという。減塩薄味で、野菜や魚のおいしさがわかり、それを喜んで食べて

写真3-5　十市漁協の釜揚げちりめんと「いりの汁」
（撮影：倉持正実）

バランスのとれた食生活ができるようになるといった現代的な課題にとって、地域の味覚、いりの汁はひとつの心強い味方といえる。

地域の農と食でいきいき学校連携 ——農高と小学校のつながり

市内の小学校では学校給食を起点に食育が進められている。後免野田《ごめんのだ》小学校は「学校給食の生きた教材化」「農作物の栽培」「教科のなかでの農・食の学習」「栄養教諭・養護教諭との連携」「家庭・地域との連携」など総合的な取組みにより研究、実践している。

子どもたちの農と食の活動を支えているのがタネ屋さんやJA南国市の直売所「かざぐるま市」、農家、母ちゃんたち、農高など地域のさまざまな応援者だ。

写真3-6　野菜好きの子どもが育つ十市保育園
（写真提供：十市保育園）

高知農業高校の生徒たちは、子どもたちの身近な先生だ。小学校の稲栽培からもち搗き、茶摘み体験、中学校での味噌づくり体験（市内小学校の学校給食に活用）、小学校の野菜づくりへの堆肥の提供、家畜とのふれあい・乳製品づくり、市民向け食と農の講座、地域の母ちゃんたちから郷土食を学ぶ講座など、世代のつなぎ役として多面的な活動を展開している。

ある年、後免野田小学校の児童は、農家のようなにんじんを育てるには土づくりが必要と知り、高知農業高校へ堆肥をもらいに行なったのがきっかけになって、つきあいが始まった。

そして農業高校と小学校の連携で、名産土佐文旦の規格外品を有効利用して「土佐文旦ゼリー」が開発された（写真3-7）。「食育のつどい」会場の高知農高のブースでは、一〇〇〇個の土佐文旦ゼリーが試食に出され、小学生も元気にお客さんにアピールし、好評を博した。

地域の未来を担う次世代が、「消費する立場」から、地域資源を発見して新しい魅力をつくり出して地域に贈る「生産・創造する立場」に立つ学習が起こっている。

写真3-7　高知農高生と小学校の連携でつくった「土佐文旦ゼリー」（撮影：倉持正実）

子どもたちの「食の自立」の姿が見える

南国市の食育が目ざす子ども像は「食の自立」。後免野田小学校では児童の朝食の欠食率と給食残食率が減った、好き嫌いがなくなったなど、食習慣に変化が出てきた。

六年生は二学期になると、食の学習の仕上げとして「ぼくとわたしのハッピーランチ」に取り組む。中学進学に向けて、自分で献立を考えてお弁当をつくれるようになるために弁当箱選び、主食・主菜・副菜の組み合わせ、献立の栄養バランス、調理法、きれいな詰め方などの学習を重ねて弁当をつくり、家庭に持ち帰って家族に味わってもらう。

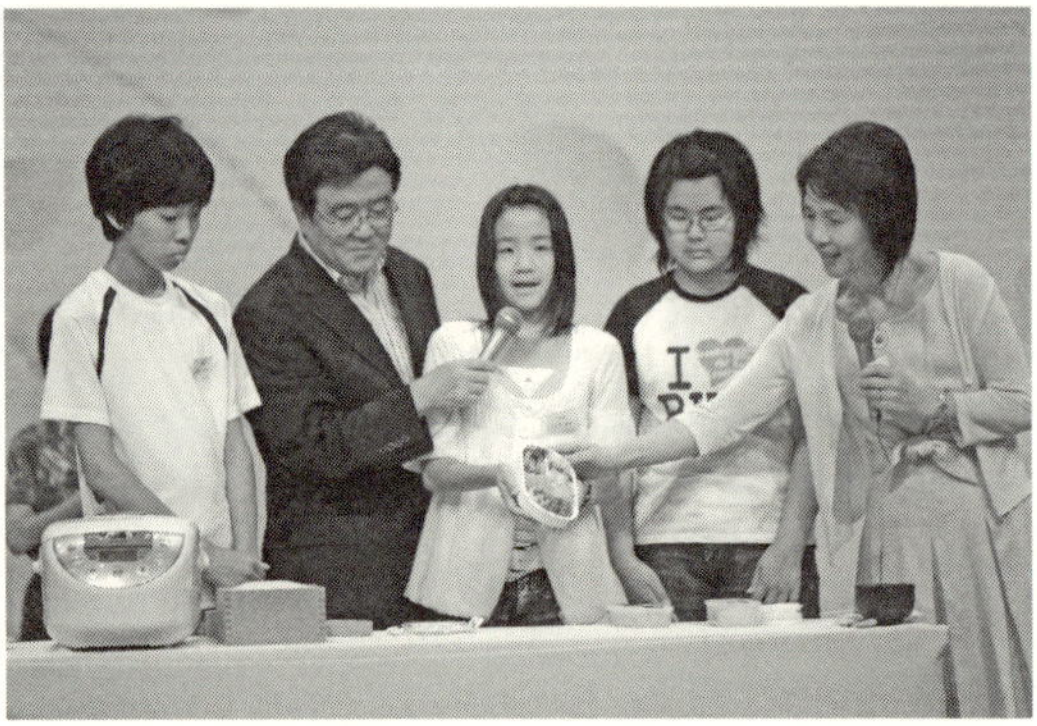

写真3-8　6年生それぞれの思いが込められた手づくりお弁当「ハッピーランチ」（撮影：倉持正実）

「食育のつどい」のステージでは、六年生三人が自分の「ハッピーランチ」を紹介してくれた（写真3-8）。会場に来られた卒業生のお母さんからは「いま中学二年ですが、毎日自分でお弁当をつくってもっていきます」とのうれしい発言があった。

会場には、地域の人びとの応援によって、子どもたちが「食の自立」をしていく様子に、うれしい共感が広がった。

（以上「自然と人間を結ぶ」『食育活動』第七号 平成十九年九月「食育推進計画」をすすめる視座を南国市の「食育ネットワーク」に学ぶ　より要約）

(2) 南国市の地域の食育　その今

中学校給食への期待

南国市では今、教育行政の重点が平成二十九年度（二〇一七）から実施予定の中学校給食に置かれ、ソフト、ハード面での確立が急がれている。中学生の食育もターゲットだという。

一般に中学生時代は、食習慣の面では乱れが出やすい時期とされる。しかし、私がお訪ねした「食育のつどい」開催地などでは、じつにいきいきと地域のお母さんたちの伝授する食文化を受け入れ、交流している。

棚田米の小学校給食から始まった南国市の食育が、中学校の給食によってどんな展開をしていくか。小学生から中学・高校生へと、「地域の食」を通じた「食の自立」の学びが継続していくこと、そして、ふるさとの自然と農漁業と食が、生涯にわたる記憶、宝となっていくことが期待される。

食育をすべての教科、活動にとり入れる――南国市立十市《とおち》小学校の取組み

小学校と地域のその後の動きについて、上記「食育のつどい」に登場した十市保育園と同じ地区にある十市小学校の取組みについて、平成二十六年度（二〇一四）南国市立十市小学校食育パンフレット「食育で育てたい食べる力・しし十市郎《とおちろう》の食育のすすめ」（図3-1）などから紹介させていただく。

十市小学校では「食に関する指導」の目標（「食に関する指導の手引―第一次改訂版―」文部科学省）として、次の六つをあげている（図3-2、詳しくは十市小学校ホームページを参照）。

＊食事の重要性　＊心身の健康　＊食品を選択する能力　＊感謝の心　＊社会性　＊食文化

これらの目標について、各学年の発達段階に応じて重点的に指導する内容を決め、全教科・道徳・総合的な学習の時間に関連づけて採り入れ、給食の時間、児童会による給食一口放送、学級活動、学校行事、家庭・地域との連携活動など、すべての場面で食育を実践している。

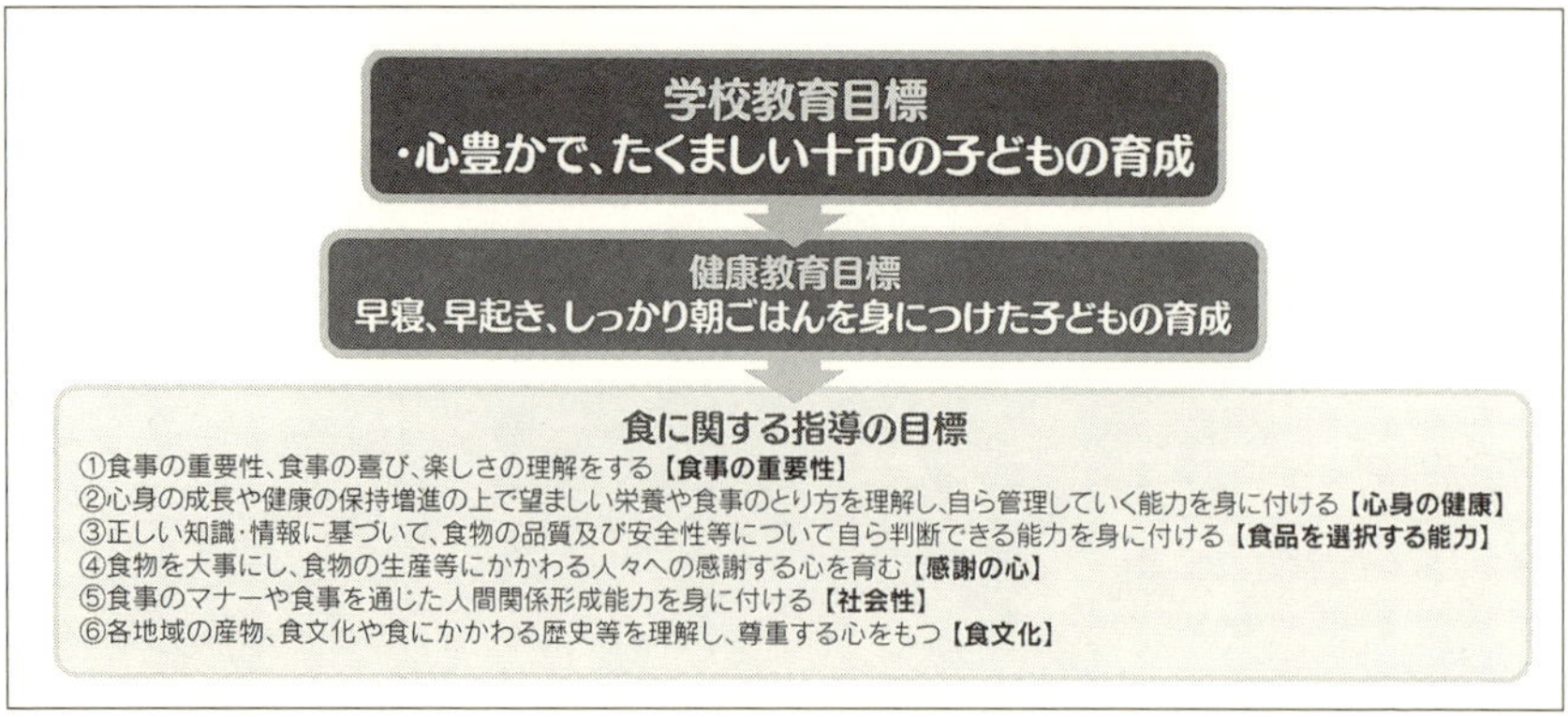
学校教育目標
・心豊かで、たくましい十市の子どもの育成
健康教育目標
早寝、早起き、しっかり朝ごはんを身につけた子どもの育成
食に関する指導の目標
①食事の重要性、食事の喜び、楽しさの理解をする【食事の重要性】
②心身の成長や健康の保持増進の上で望ましい栄養や食事のとり方を理解し、自ら管理していく能力を身に付ける【心身の健康】
③正しい知識・情報に基づいて、食物の品質及び安全性等について自ら判断できる能力を身に付ける【食品を選択する能力】
④食物を大事にし、食物の生産等にかかわる人々への感謝する心を育む【感謝の心】
⑤食事のマナーや食事を通じた人間関係形成能力を身に付ける【社会性】
⑥各地域の産物、食文化や食にかかわる歴史等を理解し、尊重する心をもつ【食文化】

図3-2　食に関する指導の目標（南国市立十市小学校）

南国市立十市小学校　食育パンフレット
しし十市郎の
食育のすゝめ
しし十市郎
心と身体の健康を維持できる
食事の重要性や楽しさを理解する
一緒に食べたい人がいる「社会性」
食べ物の選択や食事づくりができる
感謝の心
日本の食文化を理解し伝えることができる
食育で育てたい食べる力
食育

図3-1　食育で育てたい食べる力（南国市立十市小学校 平成26年度食育パンフレット）

食育で表現力・学力を高める

さらに、十市小学校は「食育での感動体験を通じて表現力を高める」を学校コンセプトに掲げている。食育を単なる体験に終わらせずに、学力の向上に結びつけようという考え方だ。

そのために重要な場が地域と連携した食育で、農・漁・食の体験学習をおもに、低学年の生活科、中高学年の総合的な学習の時間（以下、総合）の体験学習にあてている。

例えば、一年生活科「ミルク教室」「野菜づくり」「さつまいもパーティー」、二年生活科「めざせ野菜名人」「さつまいもパーティー」「もちつき」、三年生総合「ししとうの料理、栽培、パーティー」、四年生総合「かつおのたたき体験」「ゆずゼリーづくり」「どろめの釜揚げ体験」、五年生総合「田植え」「感謝祭」、六年生総合「お弁当づくり（お弁当の五つのルールを学び、自分のメニュー決定、食材の調達から調理、家庭への持ち帰り）」などである。

地域の農・漁・食のシンボルが子どもを育てる

十市小学校の食育キャラクターは、食育パンフに登場する「しし十市郎《とうちろう》」（図3-3）。地域がししとうの全国一の産地であることから、児童が製作した。

三年生は社会科の地域探検で十市のししとうのことを知り、総合的な学習で農家のハウスを見学し、料理「ししとうのチーズのり揚げ」を体験。二学期には農家の指導でししとうを栽培し収穫、学年委員のお母さんの指導で「ししとうサンド」をつくり、学習成果の発表をしながらのパーティーを楽しんだ。

図3-3　十市小学校の食育キャラクター「しし十市郎」

四年生は、総合的な学習で高知の伝統食の代表「かつおのたたき」を体験する（図3-4）。わらで焼いて、節を切って皿鉢に盛りつける。皿鉢料理ではたたきにも、すしにも酢みかん（ゆず、ぶしゅかんなど）が必ず使われる。まさに地域の「伝承される味覚」だ。そのゆずの学習も四年生総合のテーマで、生産者の出前授業を受け、〝二分の一成人式〟には「ゆずゼリー」をつくって保護者にふるまった。

四年生の総合にはじゃこの学習、どろめのかま揚げ体験も入っている。食育キャラクター「しし十市郎」は剣の達人で、腰にさしているのは「じゃこ剣」。

じゃこは、海の父さんたちの贈りもの「どろめ（しらす）」。ミネラル豊富な「釜揚げちりめん」と、この地ならでは味覚「いりの汁」（175ページ参照）になって、子どもたちの健康を守る。

このように、地域の農・漁・食のシンボルが食育にとって重要な役割をしている。学校給食献立には旬の食材と地場産物、食文化を伝える季節の行事食を積極的にとり入れ、地域を体験できるようになっている。

子どもたちにかけがえのない「宝の循環」を

十市小学校は平成二十七、二十八の両年度文部科学省スーパー食育スクールの指定を受け（全国三五校）、テーマ分類「食と学力」、取組みテーマ名「食育の実践から『ことばの力』を高める～主体的・協働的に学ぶ学習（アクティブラーニング）を通して～」として、研究・実践をしている。

二十七年度の食育パンフには「しし十市郎の三つの教え」として「朝ごはん」「すいみん」「光（早朝の日光を浴びる、テレビやゲームは一時間以内に など）」をあげている。その指導を通じて、生活リズムチェック、生活習慣アンケートを行ない、高知大学との連携で、食習慣と学力の関係が明らか

図3-4　4年生かつおのたたき体験（南国市立十市小学校）

になるという。新しい、大きな楽しみだ。

冒頭であげた食育の六つの目標に加えて、学力向上という成果が期待できる食育。「地域の食」は、子どもたちの健康、食の自立（食品選択や食の実践）、社会・地域文化のもとでともに生きる心の育成、学力の向上というかけがえのない「宝の循環」をつくる力があるといえないだろうか。

3 「虹の松原」の再生、松葉など有効利用のネットワーク
―佐賀県立唐津南高校「松露プロジェクトチーム」の取組み

健全な松原の指標「松露《しょうろ》」を復活しよう

佐賀県唐津市にある「虹の松原」は、約四〇〇年前から先人が育ててきた、長さ五km、面積二三〇haにわたる防風・防潮林で、長い年月地域の田畑を守ってきた。日本三大松原の一つに数えられ、景観のすばらしさから「特別名勝」に指定されている。

ここでは、佐賀県立唐津南高校食品流通科の「松露プロジェクトチーム」が、「ふるさとの宝『虹の松原』。この素晴らしい財産を美しい姿のままで後世に残したい」と、平成十六年（二〇〇四）から保

全活動に取り組んでいる。以下、同プロジェクトチームのレポート、および地元紙誌などから紹介させていただく。

名勝・虹の松原でも松葉掻き、落枝除去などの手入れと利用が行なわれなくなるなかで、砂地が富栄養化し広葉樹が入ってくるなどして松林の維持が危ぶまれるようになった。松露プロジェクトチームはきのこの松露を健全な松原の指標ととらえ、松原の保全とともに、松露の生態を調べ、クロマツの苗に松露菌を感染させるなどして復活をめざし、発生にこぎつけた（写真3-9）。

小中高生や市民に広がる保全活動

平成十九年度（二〇〇七）には、国・佐賀県・唐津市・CSO（Civil Society Organizations　市民社会組織）などが連携して、「虹の松原」国有林の保全・再生に取り組むことになった。

平成二十年に唐津南高校は佐賀森林管理署と協定を結び、専用フィールド「松南の森」を得て、松葉掻き（写真3-10）などの環境整備活動が同校の全校ボランティア、市内の他の高校、小中学校、幼稚園、市民グループなどに広がり、指導的な役割をしてきた。

地域の人びとに松原の保全の大切さや楽しみなどを共有してもらうために、NPO法人唐津環境防災推進機構KANNEなどとの共同企画でイベントなどいろいろな取組みをしている。

こうした取組みは高く評価され、森林レクリエーション地域美化コンクールで二位に当たる林野庁長官賞を受賞するなど、数々の賞を受けている。それがまた保全活動のネットワークの広がりにつながる。

自然エネルギーで地域産業の活性化を

保全活動が広がると、回収される松葉・松ぼっくりなどの量も増える。平成二十三年（二〇一一）から、上記ＫＡＮＮＥ、佐賀大学、地元企業などとともに「虹の松原バイオマスコンソーシアム」を組織し、副産物の有効利用の検討を開始。同校松露プロジェクトチームは木質バイオマス利用として松葉・松ぼっくり・落枝をペレット化し、燃料などに利用する研究を進めている。これらペレットの熱量発生試験結果は四六二〇kcal／kgで、化石燃料の約二分の一。カーボンニュートラルの観点から二酸化炭素の発生量はゼロとなる。環

写真3-9　発生した「幻のきのこ」松露（写真提供：佐賀県立唐津南高校）

写真3-10　「虹の松原」での保全活動、松葉かき（写真提供：佐賀県立唐津南高校）

写真3-11　松原保全の副産物をペレットに。完成した松葉ペレット（写真提供：佐賀県立唐津南高校）

境にやさしいクリーンエネルギーである。

ペレットは、コンソーシアム会員の地元レストランで使用を開始。農業用ハウスの暖房や温泉施設での利用などのアイデアも試験される予定だ（写真3-11）。

プロジェクトチームはこの活動を、「①地域の課題解決（環境の保全）、②CO_2排出削減（化石燃料の代替エネルギー）、③地域産業の活性化（環境産業、農業分野）、④環境教育のフィールド（環境、自然、歴史の継承、新エネルギー学習）としての可能性があり、地域に密着した『地域で取り組むべき、地域一体型の学習』である」と位置づけている。

岩手県陸前高田市の江戸時代からの防潮林、名勝「高田松原」は、「奇跡の一本松」で知られるように東日本大震災の津波によって松が消失した。唐津南高校「松露プロジェクトチーム」は、高田松原復活の支援にと、クロマツの苗木づくりに取り組んでいる。

◇

地域の農と食、それに環境をつないで、作物・家畜と人と自然にとって健康的で永続する関係をつくろうとする学習。さらにそれが「虹の松原」保全のように、地域で子どもたちを含めた住民、学校、

NPO、行政、企業などが参加するネットワークに発展し、さらには全国とつながっていく可能性。農業高校に限らず、こうした取組みが各地で進んでいると思う。若者たちのチャレンジを集めてみていくことで、新しい「生産と生活の一体」「自然と人間の生かし生かされる関係」への示唆が得られるのではないだろうか。

白砂青松の海岸は先人たちが育てた

以上、松露と海岸松原の再生・保全ということに多くのページをさいたのは、白砂青松の海岸もまた美しい自然景観、レクリエーション空間であるだけではなく、「生産と生活の一体」「自然と人間の生かし生かされる関係」が息づいていた人びとの暮らしの場にほかならないからだ。それを、一章でみた岩手県北の畑作地帯や、県南の水田地帯と同じように、先人たちは長い年月をかけて育ててきた。全国のほとんどの海岸松原は、江戸時代に防風・防潮林、飛砂から稲を守る砂防林として、人びとの並々ならぬ努力でつくり上げられた。

例えば秋田県能代《のしろ》海岸の「風の松原」。強風が吹く砂地にクロマツの苗を根づかせることは簡単ではなかった。植林を志した先人たちは、長年にわたる観察と経験から、まず、わらや山萱の束、落ち葉、家庭ごみを埋めて土の改良から着手し、風上へよしずやすのこで風よけをして、草の種を播いて砂の動きを止めた。草が生えたところへ、生長が早くて砂地に強い柳を植え、春にこれが根づいたら秋に根元へ茱萸《ぐみ》の苗を植え、翌年には風下へ合歓《ねむ》の木を植え、これが根づいたところで初めて風下へ黒松を植えた（『江戸時代人づくり風土記・秋田』、越後昌二「栗田定之丞如茂—海岸砂防林の育成に尽くす」農文協）。

山形県の庄内砂丘でも、松を根づかせるために同じような植物が試された。茨城県の鹿島沿岸の「日川砂漠」では、萱や葦の垣をめぐらすとともに、茱萸をいっしょに植え、さらには利根川の川底にたまった肥沃度を運んで砂地に入れた。江戸時代に九十九里から鹿島灘へと広がってきたいわし漁による干鰯《ほしか》も松を育てる肥料になった。

こうして、「人が住み続ける地域環境」＝ふるさとが津々浦々にできていった。

松露もまた「人が住み続ける地域環境」のシンボル

そして、松の根に共生するきのこ、松露もまた知る人は少ないものの、「人が住み続ける地域環境」＝ふるさとのシンボルだ。

「日本の食生活全集」では『千葉の食事』九十九里海岸の食に「松露飯」、北総台地の食に「きのこ飯」（これは山の松林）、『鳥取の食事』城下町鳥取の食に「松露の吸いもの」、弓浜半島の食に「松露飯」が出てくる。

そして、海から遠く離れた『栃木の食事』鬼怒川流域の食に「しょうろと里芋の煮つけ」がある。鬼怒川の沿岸を守った松林だろうか。田植えの忙しいときにひまをみて熊手をもって拾いにいった、家族のみんなの好物。里芋を植えて残った種芋と煮つけた（鬼怒川流域〈上河内〉の食　執筆：高橋久美子）。里芋は栃木の代表的な作物の一つで、地域では種芋の交換などによって良い種を伝えてきた。それが松林の季節の幸と出会う。

東日本大震災のあと、防潮林の役割とその再生、植生のあり方などが改めて研究・検討されている。そのなかで、松露の復活が話題になることもある。そのさい、防潮機能にはこういう植生、こういう護岸工事といった「一対応一」ではなく、松露の楽しみ、あるいは「風の松原」では松を育てた茱萸《ぐみ》を村の女性たちが小遣い稼ぎにした（越後昌二上記）というように、人びとの暮らしがあって防潮林も守られるという関係を大事にしたい。

江戸時代　日本列島自給ネットワーク

松露が拾えた九十九里の海岸は、江戸時代に紀州から来た漁民がいわし漁を起こし、いわしが不漁のときには新田開発が行なわれるという繰り返しで、岡・新田・納屋の集落が形成され、海岸景観ができていったとされる。

さきに、鹿島灘の新田開発では、いわし漁でできる干鰯が砂防松の肥料にされたと述べたが、九十九里を中心に製造される干鰯は、近畿や瀬戸内などの木綿、徳島・吉野川流域の藍などの肥料になり、衣料自給の基盤をつくった（のちには北海道のにしん粕も肥料として大事な役割）。このようにして砂糖も絹もたばこも、生活資材の輸入依存を止めて、約三世紀という長期にわたって衣食住を国内自給し、海外侵出もない時代が続いた。

全国の地域産物がつながりあってできた江戸時代の「日本列島自給ネットワーク」。それぞれの地域では厳しいながらも、個性的な生産・生活基盤、すなわち「人が住み続ける地域環境」をつくり、ネットワークを支えた。「地域の食」はその努力のなかから生まれてきたといえる。

4　世代を超えて引き継ごう　病院の「地域食文化」
―地域の自然・農・食で患者が力を取戻す諏訪中央病院の入院食

(1) 入院食で栄養回復、体力増強、お米をしっかり食べる

麻痺の治療と体力づくりの食事

筆者は、長野県茅野市の諏訪中央病院回復期リハビリテーション病棟に入院して、入院者をおもな対象とする病棟食堂で、病に負けず回復をと毎日お世話になっている六九歳である。

二〇一六年五月一一日にくも膜下出血で倒れ、諏訪中央病院脳神経外科で手術・治療を受け、おかげさまで一命を取り留めることができた。体には左半身麻痺の障害が残り、高次脳機能障害のある状態で、その治療をリハビリテーション病棟に全面的に託すこととし、六月二十日に転棟となった。

手術・就寝の生活で、左半身の麻痺がすすむとともに、それを動かしていた筋肉・骨格・関節などの劣化も進み、リハビリを続ける過程でも栄養が消滅して、体重は減る。この回復をはかる食生活でなければならないが、転棟当初は経管栄養が中心だった。それが約一カ月で口腔摂取可能となり、朝昼晩の三食と三時の補完食（おやつ）となった。

三食の主食は、私はもともと、ご飯に何か汁ものや煮ものや炒めものなどをかけたりする食べ方には体が過剰反応し気分を悪くすることから、「ご飯はよくかんで『米のうまさ』を味わって飲み込み」「おかずはすべて、一緒でなく『別口』で食べる」ことにしていた。それで、私のメニューは主食を「固口《かたくち》のかゆ（全粥）一五〇g」とし、汁もの、おかずは別々につけていただいた。リハビリの先生から体重を増やし回復力をつけるにはもっと栄養をとるようにとの意見があり、九月二日「固口のかゆ」が一回三三〇gにふえた。

そして今、これだけの量のおかゆを汁物・おかずと別口で食べるメニューに大いに満足、食事が楽しみになっている。

おかゆがグーンとおいしい中央病院病棟食堂のおかず

病棟食堂の二〇一六年八月一六日と九月三日の朝・昼・夕食を次に紹介しよう（表3−1）。これからわかるように、おかゆはまず、その日一番最初口にする「味噌汁」「すまし汁」によって、季節の地域産野菜や野草の味、香りと出会い、米を噛んで食べることがおいしく感じられる。

さらに、もやし・にんじんの煮浸し、ゆず味噌、なすの含め煮、小松菜・豆腐のごまあえ、かぼちゃ煮つけ、さつまいもとにんじんのサラダ、なすのしょうが醤油などなど、中央病院管内の地域産野菜・野草・木の芽や実を中心にいろいろな個性的な味わいの日替わり料理がつくられ、おかゆを食べる楽しみにさらに豊かさをプラスする。

おいしい卵・魚・肉料理　茅野の素材が価値を高めている

さらに、中央病院病棟食堂では、おかゆ、米のご飯は、「メインディッシュ」の卵・魚・肉の料理によってよりおいしく食べられている。そのメインディッシュは地元産野菜・山菜・木の芽や実とその保存・調理品と、外から買ってきた蛋白質食品とのコンビネーション、相乗効果によって、健康的栄養とおいしさの価値をグンと高められている。いくつかの例を挙げると次のようである。

- 卵とじ……高野豆腐、えんどう、にんじん、卵
- 鶏のやわらか煮……たれ付　　付け合せ……チンゲン菜（軟）

・焼き魚（赤魚鯛《あこうだい》）梅肉風味……梅酢とろろ、細切昆布
・えびチリ風……むきえび、たまねぎ、にんじん、きのこ、ブロッコリー
・豚汁……ひき肉、豚肉、にんじん、大根、たまねぎ、ウインナー、ホタテ貝柱、キャベツ、ピーマン、グリンピース

表3-1　諏訪中央病院の献立例

2016年8月16日（火）

朝 食	• 固いかゆ（全粥150 g） • 味噌汁：大根、高野豆腐 • しらすと卵の炒り煮 • 煮浸し：もやし、にんじん • ゆず味噌　かゆにかける • ヨーグルト
昼 食	• 固いかゆ（全粥150 g） • おろし煮（赤魚）　大根おろし付き • なす含め煮（軟） • 豆腐ごま酢あえ（軟）：小松菜、豆腐 • 温卵
夕 食	• 固いかゆ（全粥150 g） • ささみくずたたき 中華ごまだれ：にんじん、えのき、もやし • フルーツポンチ：ナシ、ミカン、メロン、サクランボ、ブドウ • かぼちゃ煮つけ（皮むき） • そうめん汁

2016年9月3日（水）

朝 食	• 固いかゆ（全粥330 g） • 味噌汁：大根、ねぎ • 卵とじ：高野豆腐、えんどう、にんじん、卵 • 煮浸し：もやし、にんじん、みつば • ゆず味噌　かゆにかける • ヨーグルト
昼 食	• 固いかゆ（全粥330 g） • 魚（赤魚鯛）梅肉風味：梅酢とろろ、細切昆布 • 温卵 • サラダ：さつまいも、にんじん、ズッキーニ（細切） • なすのしょうが醤油（軟）
夕 食	• 固いかゆ（全粥330 g） • 味噌汁：豆腐、ねぎ • 鶏のやわらか煮　たれ付 • 同　付け合せ：チンゲン菜（軟） • いんげんのごまあえ • 果物　洋ナシ

（2）地場産物と風土・季節感を徹底的に活かす

これだけ多い人気の「味噌汁・すまし汁」とその素材

中央病院病棟食堂の入院食で、一口でおかゆ・ご飯への食欲がわく「味噌汁・すまし汁」に使われる材料は、収穫物も加工・保存物もきわめて多い。表3-2は、八月初めから九月上旬までに出された地域素材の「味噌汁・すまし汁」「野菜スープ」「けんちん汁」などである。

なすやきゅうり、ねぎ、小松菜、みつば、みょうがなど畑で育っているものと、たまねぎ・大根・じゃがいものように昨年からこの春夏に収穫して貯蔵しておいたものも多い。畑の収穫回数と加工・保存法を増やし、通年多面的利用を勧めてきたのが全国の農家の営みであり、中央病院に提供している業者の協力の結果が表3-2に現れ、入院患者の楽しみを増やしている。

そして、「味噌汁・すまし汁」に豊かに味と栄養を添えるのが、庭で飼っている鶏の卵、豆腐・高野豆腐・油揚げ・麩（玉麩・巻麩・切麩）・はんぺんなど加工品のいろいろだ。これが加わって汁ものは、四季を通じてご飯に欠かせない多彩で魅力的な一品であり、すべての入院患者にとって食の楽しみと安心の拠り所となっている。

表3-2　中央病院食堂の夏と秋口の「味噌汁・すまし汁」（8～9月）

	朝　食	夕　食
8月1日	味噌汁：キャベツ、玉麩	味噌汁：豆腐、葱
8月2日	味噌汁：たまねぎ、にんじん	かき玉汁：卵、みつば
8月3日	味噌汁：たまねぎ、にんじん	沢煮椀：鶏肉、にんじん、大根、みつば
8月4日	味噌汁：白菜、たまねぎ	すまし汁：巻き麩、ねぎ
8月5日	野菜スープ： グリーンピース、コーン、にんじん	味噌汁：じゃがいも、大根、たまねぎ
8月6日	味噌汁：大根、ねぎ	味噌汁：豆腐、ねぎ、白菜
8月7日	味噌汁：キャベツ、切り麩	味噌汁：大根、高野豆腐
8月8日	味噌汁：もやし、ねぎ	味噌汁：白菜、なす、油揚げ
8月9日	味噌汁：たまねぎ、玉麩	味噌汁：白菜、ねぎ
8月10日	味噌汁：小松菜、大根	卵スープ：卵、ねぎ
8月11日	味噌汁：なす、みょうが	けんちん汁（軟）： 豆腐、にんじん、ねぎ、大根
8月13日	味噌汁：もやし、ねぎ	すまし汁：麩、みつば、醤油味
8月14日	味噌汁：小松菜、大根	すまし汁：ゆうがお、みょうが
8月15日	味噌汁：もやし、たまねぎ	すまし汁：丸白麩、みつば、醤油味
8月16日	味噌汁：大根、高野豆腐	そうめん汁
8月17日	味噌汁；小松菜、巻き麩	豚汁：ひき肉、にんじん、大根、たまねぎ
9月3日	味噌汁：大根、ねぎ	味噌汁：豆腐、ねぎ
9月4日	味噌汁：キャベツ、切り麩	味噌汁：高野豆腐、大根
9月5日	味噌汁：もやし、ねぎ	味噌汁：油揚げ、なす、きのこ
9月6日	味噌汁：玉麩、たまねぎ	味噌汁：白菜、ねぎ
9月7日	味噌汁：小松菜、大根	味噌汁：白菜、ねぎ
9月8日	味噌汁：なす、高野	けんちん汁（軟）： 豆腐、にんじん、ねぎ、大根
9月9日	野菜スープ： とうもろこし、グリンピース、 にんじん細切　醤油味	

中央病院では入院食で「野菜好き」が増える！

中央病院の病棟食堂は、先にみたように、同じ野菜でも生、煮浸し、サラダ、あえもの、炒めものなどなど、調理・食べ方がきわめて多彩だ。同じきゅうりやほうれんそう・にんじん一つとっても、甘酢あえ、ごまあえ、粕あえ、わさびあえ、おろししょうが、あんかけなど、味と風味が千変万化する。多くの調理に「軟」が表示され食感がやわらかいことを示している。

大人も子どももここに入院しているうちに、地域性豊かな野菜の食べ方のいろいろに接し、地域の野菜食の通・ファンがふえるという。

新鮮野菜の栽培・収穫とそれらを塩や酢・こうじ漬や熱処理などで加工・保存することは、生産者にとっては食材と味覚の宝をそろえることにほかならない。中央病院の病棟食堂は、地域の生産者の協力によって、夏秋に食べる人の楽しみを多くする宝の野菜調理をつくり、表3-3のような料理を食堂に出している。

主食を一年支える料理は、長野の郷土料理「おやき」のあんと同じ役割

長野県には各地に郷土料理「おやき」がある。小麦粉を節約するためにあんを包んで焼くのだが、北信の西山地域では冬の間、中に包まれているのは小豆だったり、かぼちゃやなすだったり、野沢菜漬だったり、切干し大根料理だったりと、じつに多彩。

表3-3　中央病院病棟食堂の野菜の新鮮食と保存・加工食（8〜9月）

◉甘酢あえ・あえもの

大根の甘酢あえ（軟）／大根の柚香あえ／きゅうりともやしの甘酢あえ（軟）／小松菜、もやし、えのきのあえもの（軟）／キャベツ・にんじんの酢のもの（軟）／きゅうり粕あえ（軟）／キャベツ酢味噌あえ（軟）：ハム、たまねぎ／白菜のゆかりあえ

浅漬け風（軟）：きゅうり、キャベツ、にんじん ／ブロッコリー酸味あえ

◉ごまあえ・わさびあえ

いんげんごまあえ／にんじんとホウレンソウのごまあえ（軟）

わさびあえ 小松菜のわさびあえ（軟）／豆腐ごま酢あえ：チンゲン菜・にんじん

◉煮浸し

ホウレンソウとにんじんの煮浸し／油揚げと小松菜の煮浸し／ホウレンソウの煮浸し（軟）／もやし、にんじんの煮浸し酢味 ／いんげんの煮浸し

◉サラダ

キャベツ・ハム（小片、軟）酢マヨネーズ味 ／白菜、にんじんのフレンチサラダ（軟）／大根・干しえびの中華サラダ（軟）／白菜、赤ピーマンのサラダ（軟）

大根サラダ（軟、オイル入り）大根、にんじん、若葉

◉フルーツポンチ

ナシ、ミカン、メロン、サクランボ、ブドウのフルーツポンチ

◉なす含め煮（軟）・焼きなす・揚げなす

なす含め煮（軟）：なす、いんげん、大根おろし　とろみ

なすの田舎煮（軟）／白菜（＋麩、にんじん）の含め煮

焼きなす（皮むき）／焼きなす麻婆風味：ひき肉・細しょうが／揚げなす（軟）

なすのしょうが醤油（軟）

◉スープ煮　あんかけ

カリフラワー・ブロッコリー　にんじん入りスープ（軟）

カリフラワーのあんかけ　小えび入り

野菜スープ：とうもろこし、グリンピース、にんじん細切　醤油味

◉いも・かぼちゃ・豆類の煮つけ・炒めもの

さつまいものレモン煮／里芋の含め煮／じゃがいも煮つけ

じゃがいもの醤油・バター炒め：じゃがいも・たまねぎ・ベーコン少々

かぼちゃといんげん煮つけ（皮むき）砂糖と醤油の味

かぼちゃのそぼろあえ：とろみ・ひき肉／白いんげんの含め煮 ／赤豆の含め煮

◉擂りもの

とろろ汁：ながいも、小ねぎ

だが、春一番のおやきには、庭に生えてくるにらが使われる。いよいよ雪解けとともに伸びてくるにらやのびる、菜の花など春の風味をおやきに包むのだ。夏が近づくと水田裏作のたまねぎ、そして次に丸なすの季節がくる。丸なすを輪切りして横から切れ目を入れ、その間に味噌をはさみ、練った小麦粉で包んで焼く。丸なすは北信地方の伝統品種で、皮がやわらかく、身がよくしまって食感がよく、味噌のしみ方も最高だ。

秋には、大根、野沢菜とそのかぶ、きのこなど、材料はいっぱいだ。大根は千切りにして蒸し、塩漬けしておいた大根葉を細かく切って混ぜる。これに、畑で育てたごまを合わせる。おやきという郷土料理の中には、大根とごまを使った郷土料理ができている。

以上、ユネスコ無形文化財に和食が指定されるさいに、その評価のバックグラウンドとなった「日本の食生活全集」全五〇巻の中の『長野の食事』から紹介した。

●入院食への期待　「おやき」のように地域固有の風土食

おやきを一年間つくることは、春夏秋冬の田畑や庭、野山の収穫物と、保存の味、地域固有の品種の味、そしてそれらを活かす風土料理の技の数々を総結集して楽しみ、伝えることであった。左に紹介した中央病院の野菜の多彩な利用は、地域の春夏秋冬の季節と風土と伝承技術、品種を全面的に活かすことにほかならない。

これからも季節性と風土、地域個性を活かしきる風土食として、病院食堂のメニューがつくられていくことが期待される。

(3)病院食を人気メインディッシュ、食育のシンボルで

病院で人気メニューが誕生

中央病院の病棟食堂では、地域の生産者の協力によって、購入する肉魚と、農家で育てる土地のものが一体となって味と健康食力がアップし、その結果、食べる人が自分のメインディッシュとして待つ調理がふえている。表3-4のように、「うまいよ」と家族にも伝えたい料理、何回食べてもまた心待ちにするメニューがふえ、人による違いはあっても自分がとくに愛する料理ができている。

これら、入院患者が喜び、好物の印象をもつ料理の数々は、病院食の料理スタッフ三〇人余り:調理師一〇人、調理員八人、洗浄パート三人、管理栄養士九人(一人育休中)、栄養士一人が力を合わせて行ない、肉や魚の栄養的魅力、健康効果を引き出し、食べるおいしさをつくり出し、見た目にも食欲を誘うようにつくりあげる。そもそも素材を提供する地元生産者と流通業者、そして病院調理スタッフの長年の連携が威力を発揮し、入院患者がうれしく受け止めるメニューをつくり出している。表3-4から、魅力の数々をくみ取っていただきたい。

入院患者にとって「好きなシンボル食」とは、多世代の共感

入院患者が「好きだ」というメニューを次に二例あげる。どちらもおいしいえびや貝柱を買ってきて、その味の出る料理を楽しみに考えてつくる。いっぽう、たまねぎやにんじん、じゃがいも、ブロッコリーの成長に注目し食べごろをみて収穫し、貝のスープに美味がつき、野菜と貝のどちらもおいしくなるように調理する。これらが食堂で話題になり、ファンが広がり、愛する人の多い「シンボル料理」ができていく。

- えびチリ風……むきえび、たまねぎ、にんじん、きのこ、ブロッコリー
- ポトフ……ウインナー、ほたて貝柱、たまねぎ、じゃがいも、細切りにんじん、ピーマン

中央病院病棟食堂のシンボル食にはどこにも負けない地域の工夫・誇りがつまっている。地域の産物は全季節を通じて育っていく過程が明らかであり、さらには住民自ら栽培にかかわり、農作業と生育観察の体験を自ら重ねている。そのような作物と自然、資源を育て収穫する体験がドンとある料理だから、自分にとっての深い物語が育っていく。

地域で栽培体験、調理体験を重ねた食べものには愛着が湧き、育ち、故郷の自慢料理になっていく。そこに地域の農と食の文化と住民の共感が育まれる。子どもたちの食育・調理体験も取り入れて実施すると、多世代が共感する宝づくりへと発展しやすい。

表3-4　魚や肉と地域産物が魅力を高め合い、人気の食堂メニュー(8〜9月)

☆卵・鶏肉料理

卵豆腐：上のせ　ねぎ刻み
しらすと卵の炒り煮
ふわふわ卵：にんじん、ねぎ、青葉（しそ、白菜）
鶏のごまだれ：ねぎ刻み　付け合せ キャベツ　チンゲン菜のあえもの（軟）
スクランブルエッグ：卵、ハム（小片）、たまねぎ、トマト赤皮
卵とじ：高野豆腐、えんどう、にんじん、卵
サーモンローフ（軟）：卵、サーモン、付け合せ ブロッコリー（軟）

☆魚料理

魚酒蒸し（赤魚鯛）：にんじん、にら
魚マリネ風（メルルーサ）もやし、にんじん、ピーマン
おろし煮（赤魚）：大根おろし付き
焼き魚（メカジキ）照焼き：醤油あん　付け合せ いんげん（軟）
おろし煮（赤魚）　大根おろし付き
煮魚（たら）：付け合せ にんじん、砂糖醤油味
ふんわりお魚豆腐　油・ねぎでとろみ、：豆腐、魚、にんじん
えびチリ風：むきえび、たまねぎ、にんじん、きのこ、ブロッコリー
えび煮込み：むきえび、じゃがいも、にんじん、たまねぎ、しそ葉

☆肉料理

鶏と野菜の煮もの：大根、にんじん
肉団子汁：豚か鶏、はるさめ、にんじん
鶏肉アングレス（軟）：大根おろし、かつお節かけ、付け合せ ブロッコリー
ロールキャベツ：キャベツ、ひき肉、たまねぎ
回鍋肉（軟）：鶏肉、キャベツ、たまねぎ、にんじん
大根と豚肉の煮つけ：にんじん、にら、(かつお節)
ハンバーグステーキ：ソース（トマトケチャップ)、付け合せ いんげん
焼きコロッケ：じゃがいも、肉、たまねぎ、ソース付き　付け合せ キャベツ
豚汁：ひき肉、豚肉、にんじん、大根、たまねぎ、ウインナー、ホタテ貝柱、キャベツ、ピーマン、グリンピース
ポトフ：ウインナー、ほたて貝柱、たまねぎ、じゃがいも、細切りにんじん、ピーマン
デミグラスシチュー：豚肉、じゃがいも、にんじん、たまねぎ、グリーンピース

五、六年生が体験し、住民の感動を呼んだ「地域の自慢　納豆汁」

山形県真室川町の安楽城小学校（現・真室川あさひ小学校）の五、六年生は二〇〇七年、総合的な学習「安楽城の文化のすばらしさに気づこう」のテーマを考えるなかで、わが地域の誇れるものとして食文化に注目し、教材に選び、春から秋まで体験したのが「納豆汁」である。納豆汁といえば、山形の納豆食を代表するもので、納豆を擂り鉢に入れてすりこぎでトロトロになるまでよく擂って、具沢山の汁に溶かし込む。その味わいはポタージュ風だ。

具づくりの学習では大豆を播き、わらびを採って漬け、里芋を植え、きのこを漬け、里いもがら（ずいき）を干し……というように一年溜め込んだ宝ものを使ってつくる。町で食生活改善協議会、ヘルスメイトなどのお年寄りに学びながら、山菜採りと畑の栽培からずいき乾燥、納豆・豆腐づくりまで体験し、町のイベントでもてなして住民から大いに喜ばれ、人生の宝ものになった。納豆汁は、この地域ならではの自然と農と食の豊かさのシンボルであり、国際交流で世界の友だちと接するさいにも地域の誇り、「宝」として伝え、お互いに信頼できる関係を築けるだろう。

そのように、子どもたちにも住民にも熱い物語の育った料理を、学校だけでなく病院の食堂に取り入れたい。諏訪中央病院食堂の料理は、子どもたちの熱い体験学習とも関連づけたい。

（4）病院食にさらに期待、懐かしい料理、食で「宝の循環」

大型野菜、豆類、雑穀等に手間かけて、印象の深いごちそう体験

中央病院に入院して毎日のメニューを食べていると、肉や魚のごちそうとは別に「アッこれあったんだ」と昔の自分の好物、いっしょにつくり食べていた家族の姿、毎年分けていただいた近所や親せきの思い出と出会うことが多い。

農家・地域が代々受け継ぎ大事に育ててきた、ながいも・さつまいも・かぼちゃ・ゆうがおなど大型の根菜や果菜、そしていんげん・ささげ豆・枝豆・小豆などの豆類や栗・くるみなどの果実、さらに畑の畔やふきの間、里山などで育つみつば・ごま・みょうが・山椒・しそ・しょうが・わさび・せりといった自然食材など、味と香りの懐かしい個性と出会える。「アッ、この味だ」と自分の子どものころからのごちそう体験を思い出すことも少なくない。

私は、お盆のころの入院者食事メニューで、ゆうがおがみょうがとともにすまし汁にされていて、本当にうれしかった。みょうがはその風味がよく、ふきと混作で育っているから、その畑の手入れをしなきゃと再認識した。のたもち（ずんだもち）は、昔家で枝豆を採ってきて莢をもいでゆでて豆を取り出し、兄弟いっしょに擂って、回して味見をして完成。病棟食堂でそんな味を懐かしく口にできて、幸せの時間にひたった。ながいもを使ったとろろ汁でも、家族の協同の料理づくりを思い出した。これらはみな、お盆に帰省する子どもたちや、仏様にあげることも準備して待つ仕事であった。

そんな食生活の背景にある家・地域の農地・里山環境と産物、それらを活かす家族・近所の協力関

表3-5　お盆に懐かしく魅力的、手間かけた中央病院料理（8～9月）

- ながいもの含め煮：にんじん、醤油味
- じゃがいもの醤油・バター炒め
- 里芋含め煮（グリーンピース）　醤油味
- すまし汁：ゆうがお、みょうが
- 大根の柚香あえ（軟）
- かぼちゃサラダ（軟）：かぼちゃ、にんじん、いんげんさや、卵（白粒）
- さつまいもサラダ：いも、にんじん、ズッキーニ
- さつまいもの照り煮（皮むき）／さつまいものレモン煮
- とろろ汁
- いんげんのごまあえ
- 白いんげん含め煮

係の歴史のすべてが一つの物語となって甦る料理が、中央病院のメニューにたくさんある。表3-5に、中央病院病棟食堂の八～九月のメニューに登場した大型野菜・いも・豆類や里山植物を活かしてつくられた、懐かしい人気料理を紹介する。

加工食品、豆腐料理で病院メニューいきいき

中央病院の食事メニューを見ると、加工食品、豆腐、高野豆腐、麩、油揚げ、納豆、寒天、干し・凍み野菜などがよく使われ、栄養、見た目、味に大事な役割を果たしている。表3-6に、八、九月の病棟の豆腐料理をあげたが、これらは多くの入院患者に歓迎されている。

私はこれらの料理で「栄養も味わいも、使用素材もすべて安心」と、豊かな気分で食事ができる。豆腐あん煮やけんちん汁のようなメインディッシュはもちろんこれで満足であるが、豆腐ごま酢あえや田楽豆腐のようなサブ料理でも、食卓全体がより味わい深くなる。

「地域の食文化」による健康増進と「宝の循環」づくりを

表3-6　入院者の食事に欠かせない安心の「豆腐料理」(8～9月)

- 豆腐あん煮：豆腐、鶏肉、白菜、にんじん、たまねぎ
- けんちん汁（軟）：豆腐、にんじん、ねぎ、大根
- 高野豆腐とえびの卵とじ：素材を細かい粉状にしてつくる
- ヒスイ豆腐：二色　えび緑色、とろみ付き
- 豆腐ごま酢あえ（軟）：小松菜　豆腐
- 卵豆腐：卵豆腐、白菜、にんじん、はんぺん
- 豆腐揚げ：野菜・にんじん、麩、鶏肉
- 田楽豆腐：にんじん　くるみ味噌たれ

以上のように、中央病院の病棟食堂の人気料理には、地域風土のもとで採れる食素材の高い品質と、その加工・料理法とともに、地域で農業と食の技術を受け継ぎ伝えてきた人びとがおられ、長い伝統があるから、深い食味や高い健康効果があり、熱い思いを持っている人が少なくない。豆腐関係など、加工技術を開発し伝える人と組織の存在も熱く大きい。それらの人と会社などは、地域の自然を守り発展させながら、その恩恵として地域住民にとって健康的な食生活をつくり、大人も子どもも季節のおいしさを楽しみ、みんなで食を共有する喜びを味わい、世代を超えて共存する地域の暮らしの文化の存在に気づき、大事にするようになる。

本書でユネスコ無形文化遺産の「和食」「地域の食文化」をすすめるのは、そのような地域独自な自然と農林漁業を発展させ、そこから得られる素材でつくる「地域型食文化・食生活」によって、住民と子どもの健康をつくり、世代交流を盛んにして成人の生きがいや子どもたちの学ぶ意欲が高い社会をつくろうということだ。世界のすべての地域で、自然・環境―農林漁業―地域型食生活―多世代の健康―人々の共存共栄―子どもの学ぶ力が高まっていく「宝の循環」を起こしたいという願いである。

地域の健康増進センターである諏訪中央病院の給食運営は、まさにそのような「和食」「地域の食文化」による健康づくり、「宝の循環」づくりの拠点になるものと思う。入院して日々リハビリ生活のお世話になり、病棟食堂では力のこもった回復食料理を味わいながら、メニュー紹介カードを毎回見させていただくことで、以上のことを深く実感している。

5 次世代に引き継ぐこと——日本列島「宝の循環」ネットワーク形成へ

いま 日本列島「宝の循環」ネットワークを——食の自立、地域の自立を支えあう

一章で、「日本の食生活全集」を発行した農文協の問題意識として、農林漁家も消費者も、本当の自立への途は、「生産と生活の一体」「自然と人間が生かし生かされる関係」というあり方であり、生産と生活、自然と人間の「つなぎ役」が食であると述べた。

いま、つなぎ役としての「地域の食」の再発見と世代交流は、子どもたちの健康、食の自立（食品選択）、学力の向上、社会・地域でともに生きる心の育成、地域の農林漁業や環境への理解・愛着など、多面的な効果が期待され、取組みがすすんでいる。それは、南国市の取組みの紹介で述べたよう

に、食をつなぎ役にして「宝の循環」がつくられていくということだろう。

そして農業高校生の取組みでみたように、地域に「宝の循環」をつくる多世代・多業種のネットワークが育っていく可能性がある。そこには人びとの楽しみ、張りあいが共有される地域ができる。

今回は触れなかったが、都市・農村の共生・交流、生産者・消費者の提携、さまざまな田園回帰の活動も含めて、食を軸にして地域の「宝の循環」を支えあい享受しあう「日本列島『宝の循環』ネットワーク」に向かうときであると思う。

大災害からの地域の再生

和食がユネスコの無形文化遺産に指定されるさいの必要条件「保護・伝承」とは、個性的な「地域の食」とそれを支える地域、暮らしの場そのものの保護・伝承であるととらえたい。

東日本大震災と列島各地で続く災害、最悪の東京電力福島第一原発事故からの復興とは、「地域の食」と、それが息づく暮らしの場の再生でありたい。それに、国と社会をあげて取り組まねばならない。基地負担を担わされてきた沖縄県の地域についても同じである。

復興とは、津波に強い港湾建設など箱物づくりだけではない。また、アメリカで進んでいる大資本による漁業・農業、食品産業の再編では、コスト優先で働く者もその競争にさらされるから、多くの人びとがいきいきと仕事をして住み続ける地域の維持は難しいとされる。

食に関しては、巨大国際資本による低コスト・大量生産の加工食品が世界に広がっていく。遺伝子組換え作物や、抗生物質で命をつなぎ成長ホルモンで生産効率を上げた畜産物の加工食品。コスト競争で貧困化がすすむと、人びとは低価格の加工食品に頼らなければならなくなる。健康が害され、医療費・薬剤費がふえて、それがまた大企業の利益となるというように、TPPや米韓FTAのような二国間FTAがもたらす食・農・医の規制緩和・自由化は、「貧困—不健康の循環」をもたらすことが危惧されている。

「貧困—不健康の循環」か「宝の循環」か

子どもの貧困が問題になっているが、「貧困—不健康の循環」を押し付けてはならない。日本でも世界のどこでも。「地域の食」を子どもたちに届けることで、「宝の循環」をつくりだしたい。

戦後七〇年というが、日本列島に暮らしのインフラを築き「自給ネットワーク」を実現した江戸時代二六〇年の計からいうと、まだ短い。そろそろ、経済・政治活動の根底に、暮らしの場の再生、「宝の循環」づくりを据える方向に舵を切り替えること、そのなかでの経済安定を目ざす長期の計を考えるときだと思う。

「地域の食」「地域の元気」で世界と交流

二〇二〇年の東京オリンピック・パラリンピックに来る海外の人びとを、開催地東京が迎え入れるだけでなく、日本各地の郷土食でもてなしたいという主旨のことを、舛添要一前東京都知事が述べていた。

多彩な郷土食を育てた全国の地域が元気な日本、被災地の人びとが希望を持って地域再生に向かえる日本として、迎え入れたい。それで、本当の国際交流ができるだろうし、世界第三位の経済大国でありながら国際的な信頼性や住んでみたい国・地域の順位はそれほど高くない日本の評価が変わるのではないだろうか。

著者略歴

木村　信夫（きむら のぶお）

1946年、長野県茅野市湖東に生まれる。

1965年　諏訪清陵高校卒業。1970年、北海道大学農学部農業経済学科卒業。

同年（社）農山漁村文化協会に就職。映像作品、書籍、文部省検定教科書（高校農業)、「日本の食生活全集 全50巻」「月刊 現代農業」「農業技術大系」など農・食・教育関係の出版物の企画・編集にあたる。2000年、同協会退職、フリー編集者。

2005～07年、農水省食育推進計画「食育と健康のつどい」において、地域の食文化保全活動と食育の取組み、ステージ出演者など現地企画調査を担当。2008～09年、農水省同計画 教育ファーム推進事業マニュアル作成部会委員など。2009年、三澤勝衛著作集「風土の発見と創造」（全5巻　農文協刊）編集・各巻解説を担当。

これまで川崎市麻生区多摩美に住むこと35年。多摩美みどりの会、および川崎市麻生区市民健康の森（麻生多摩美の森の会）の会員として、都市近郊の自然の保全と生物相互の助け合い、里山活用・農業・収穫祭にかかわり、その魅力を小学生に体験してもらう場をつくって活動してきた。

また、地域における食文化の掘り起しや食育の取組みに注目し、取材を続けてきた。地域の自然―農林漁業―環境を守りながら、その恩恵としての食生活で住民の健康をつくり、世代交流を盛んにして、子どもは共感を深め、学ぶ力が向上する、といった好循環で地域のライフスタイルができていく。このような、ユネスコ世界無形文化遺産「和食」による食文化に通じると実感する事例に出会うことができ、記事にして、本書の元ができた。

和食を伝え継ぐとはどういうことか
ー地域がそだてた食のしくみと技に学ぶー

2017年3月20日　第1刷発行

著　者　　木村　信夫

発行所　一般社団法人　農山漁村文化協会
〒107-8668　東京都港区赤坂7丁目6-1
電話 03(3585)1141(営業)　03(3585)1145(編集)
FAX 03(3585)3668　振替 00120-3-144478
URL http://www.ruralnet.or.jp/

ISBN978-4-540-15186-6
＜検印廃止＞

印刷／藤原印刷(株)
製本／根本製本(株)
定価はカバーに表示

昭和初期の台所で
つくられていた、
郷土色豊かな
「わが家の味」を
聞き書きとカラー
写真で再現。

聞き書

ふるさとの家庭料理

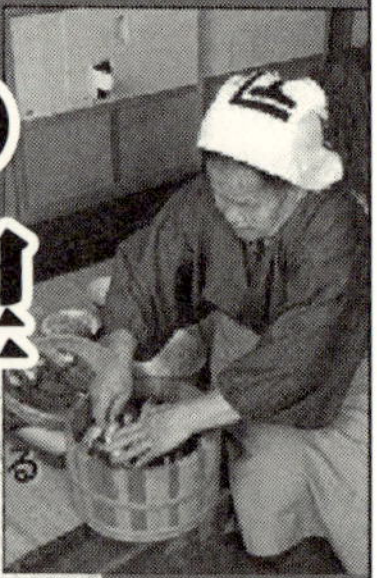

ガイドブックには出てこない、
ほんとうの郷土料理がここにある

生まれ、育った土地、ふるさと。人はだれもふるさとをもっています。

そこで食べるふだんの食事、盆、正月、祭りの食事は、それぞれがふるさとの味です。ふるさとの味はその土地土地、家々で〈家庭料理〉として伝えられてきました。いたるところにふるさとの家庭料理があります。

南北3000キロに及ぶ日本列島では、食べものがじつに多様です。北の北海道と南の九州・沖縄で異なるのはもちろん、同じ県内でも山寄りの地域と海寄りの地域、農村と都市によって異なります。つくる材料だけでなく、つくり方から食べる時期、食べ方なども異なっています。それゆえふるさとの家庭料理は、それぞれの土地の個性、暮らしのスタイルを表現した味なのです。

このシリーズは、全国350余地点で、大正末から昭和初期に家庭の“おさんどん”を担った方々から聞き書きし、その料理を再現していただいたものです。それらの食べものを、すし、もち、鍋ものといった料理別と、朝ごはん、お弁当、正月料理といったテーマ別に編成しました。これによって日本列島に伝承されてきたふるさとの味を通覧することができます。

本シリーズはまた、料理を単に料理（レシピ）としてだけではなく、〈食事（たべごと）〉の世界として描きました。季節の移ろいや巡りくる行事、食材。子どもの成長と家族の安寧を願う主婦の思い。それらを食卓に反映し、あるいは活かす、〈暮らしの営みとしての家庭料理〉を再現しています。

そんな〈ふるさとの家庭料理〉を、日常の食事づくりや晴れの日の食べものづくりのヒントとして活用していただければうれしく存じます。

農文協編、解説：奥村彪生（伝承料理研究家）、A5判、平均250頁、オールカラー
各巻 2,381円＋税　別巻 2,857円＋税　全21巻 50,477円＋税

料理別 全10巻　①すし なれずし　②混ぜごはん かてめし　③雑炊 おこわ 変わりごはん　④そば うどん　⑤もち 雑煮　⑥だんご ちまき　⑦まんじゅう おやき おはぎ　⑧漬けもの　⑨あえもの　⑩鍋もの 汁もの

テーマ別 全10巻　⑪春のおかず　⑫夏のおかず　⑬秋のおかず　⑭冬のおかず　⑮乾物のおかず　⑯味噌 豆腐 納豆　⑰魚の漬込み 干もの 佃煮 塩辛　⑱日本の朝ごはん　⑲日本のお弁当　⑳日本の正月料理

別巻　祭りと行事のごちそう

農文協　〒107-8668　東京都港区赤坂7-6-1　読者注文専用 0120-582-346
FAX.0120-133-730　http://shop.ruralnet.or.jp/